目で見てわかる
消防訓練礼式

北海道消防訓練礼式研究会　編

東京法令出版

はしがき

　消防職・団員の任務をつつがなく遂行するためには、厳正な規律の下で、迅速で的確な、かつ秩序ある行動が必要です。こうしたことから総務省消防庁により「消防訓練礼式の基準」（昭和40年消防庁告示第1号、昭和63年12月22日一部改正）が定められています。

　本書では、「消防訓練礼式の基準」の全条文を巻末に登載し、本文中では、主として各個動作、訓練に関する条文を取り上げ、写真と解説文で視覚的に理解できるようにしました。また、各訓練にあっては全体の流れがつかめることが重要なため、指揮者の動きを図解するなどの工夫をしております。

　また近年は、市町村合併も影響して消防の広域化が進められております。ために従来に増して中隊訓練の必要性が高まっています。本書では、「通常点検」の章で、「小隊の通常点検」のほかに、中隊縦隊、中隊横隊による通常点検を取り上げ、こうした新しい動きにも対応しています。

　本書により全国の消防職・団員が消防訓練礼式を十全に理解され、よりよく運用されることを祈念いたします。

平成21年3月

北海道消防訓練礼式研究会

目　次

はしがき

第1章　各個訓練

§1　基本の姿勢 ･･ 2
§2　休めの姿勢 ･･ 3
§3　右（左）向け・半ば右（左）向け ････････････････････････････････････ 7
§4　後ろ向き（まわれ右） ･･ 8
§5　速足行進・速足行進の停止 ･･ 9
§6　右（左）向け発進 ･･ 10
§7　行進中の右（左）向け ･･ 11
§8　行進中の斜行進 ･･ 11
§9　右（左）向け停止 ･･ 12
§10　行進中の後ろ向き ･･ 13
§11　かけ足行進・かけ足行進の停止 ･･････････････････････････････････････ 14
§12　速足（かけ足）行進からかけ足（速足）行進への移行 ･･････････････････ 15
§13　かけ足行進の後ろ向き ･･ 16
§14　隊員の確認（番号のかけ方） ･･ 17

第2章　小隊訓練

§1　小隊の編成 ･･ 20
§2　小隊の隊形 ･･ 22
§3　横隊の集合 ･･ 24
§4　縦隊の集合 ･･ 25
§5　横隊の整頓 ･･ 26
§6　側面縦隊の整頓 ･･ 27
§7　縦隊の整頓 ･･ 28
§8　整頓の的確 ･･ 29
§9　横隊の右（左）向き ･･ 31
§10　横隊の後ろ向き ･･ 34
§11　横隊の方向変換 ･･ 35
§12　側面縦隊の方向変換 ･･ 36
§13　側面縦隊の横隊変換 ･･ 37
§14　解散 ･･ 38

第3章　中隊訓練

§1　中隊の編成 ･･ 40
§2　中隊の隊形 ･･ 42
§3　中隊横隊の整頓の的確 ･･ 44

第4章　礼式

- §1　敬礼の種類 ··· 46
- §2　敬礼動作 ··· 47
- §3　辞令等の受領・提出 ································· 50
- §4　表彰式等における特例 ······························· 55
- §5　旗の敬礼 ··· 59
- §6　分列行進 ··· 60

第5章　通常点検

- §1　小隊の通常点検 ····································· 64
- §2　中隊（縦隊）の通常点検 ····························· 71
- §3　中隊（横隊）の通常点検 ····························· 76

資料　消防訓練礼式の基準 ··································· 79

第1章 各個訓練

§1 基本の姿勢
§2 休めの姿勢
§3 右(左)向け・半ば右(左)向け
§4 後ろ向き(まわれ右)
§5 速足行進・速足行進の停止
§6 右(左)向け発進
§7 行進中の右(左)向け
§8 行進中の斜行進
§9 右(左)向け停止
§10 行進中の後ろ向き
§11 かけ足行進・かけ足行進の停止
§12 速足(かけ足)行進からかけ足(速足)行進への移行
§13 かけ足行進の後ろ向き
§14 隊員の確認(番号のかけ方)

第1章 各個訓練

§1 基本の姿勢（第14条）

基本の姿勢をとらせるには、「**気をつけ**」の号令をかける。

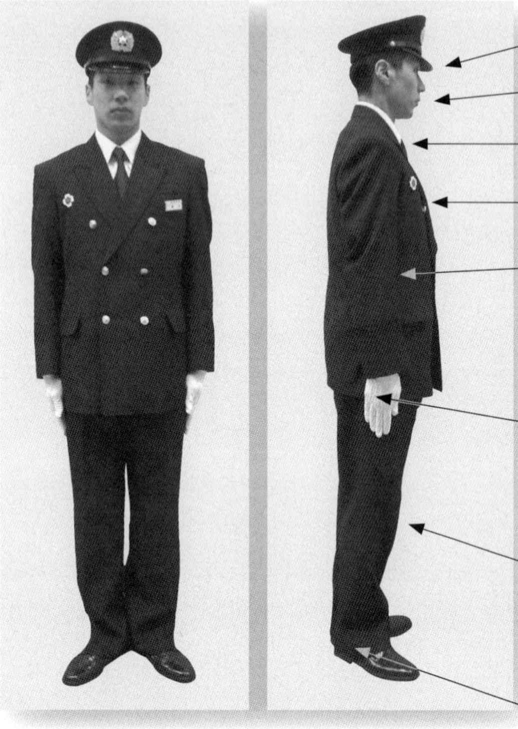

- 目は前方を直視し、動かさない。
- 口は閉じ、あごを引く。
- 肩はやや後ろに引き、一様に下げる。
- 胸を張る。背を伸ばし、かつわずかに前に傾ける。
- 腕は自然にたれる。
- 手のひらをももにつける。
- 指を伸ばして並べ、中指をおおむねズボンの縫目にあてる（親指はひとさし指につける）。 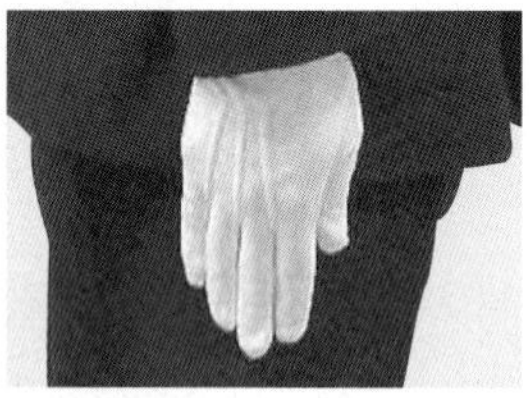
- ひざはまっすぐに伸ばす。
- 両かかとを同一線上にそろえてつけ、両足先はおおむね60度に開いて、等しく外に向ける（足先を開き過ぎないよう注意）。
- 体重をかかとと足の親指付根のふくらみに平均にかける。

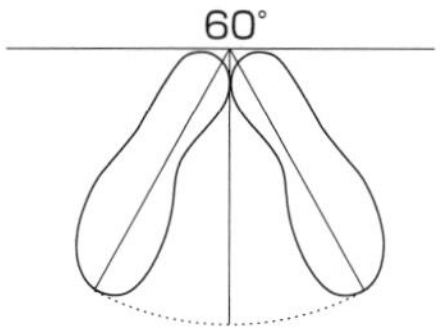

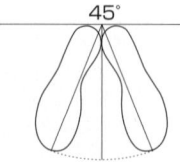

女性（かばん携帯）の場合

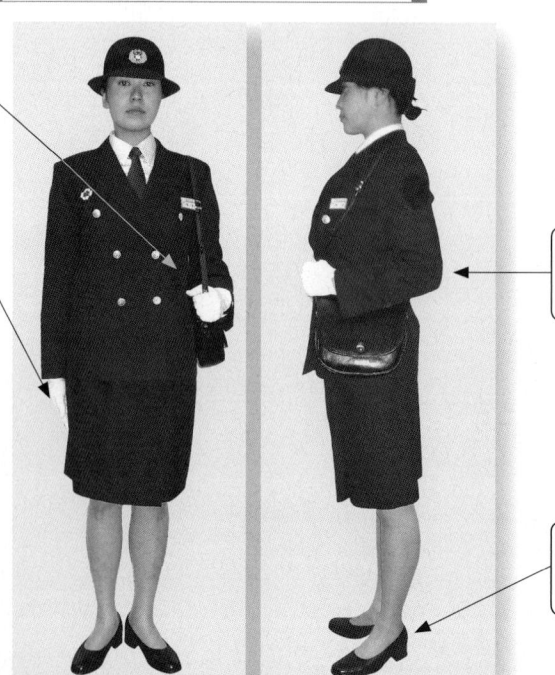

- 左手でかばんのつり革前方の結着部を軽く握る。
- 右手中指をおおむね体側の中心線（スカート等の縫い目）にあてる。
- ▲両足先はおおむね45度に開く。
- ひじは体側にそって自然に曲げる。
- 両かかとを同一線上にそろえる。

ワンポイント・レッスン
女性のかばんを携帯しない場合は、男性の姿勢、動作に準ずる。

Firefighting §2 休めの姿勢（第15条）

1 整列休めの姿勢

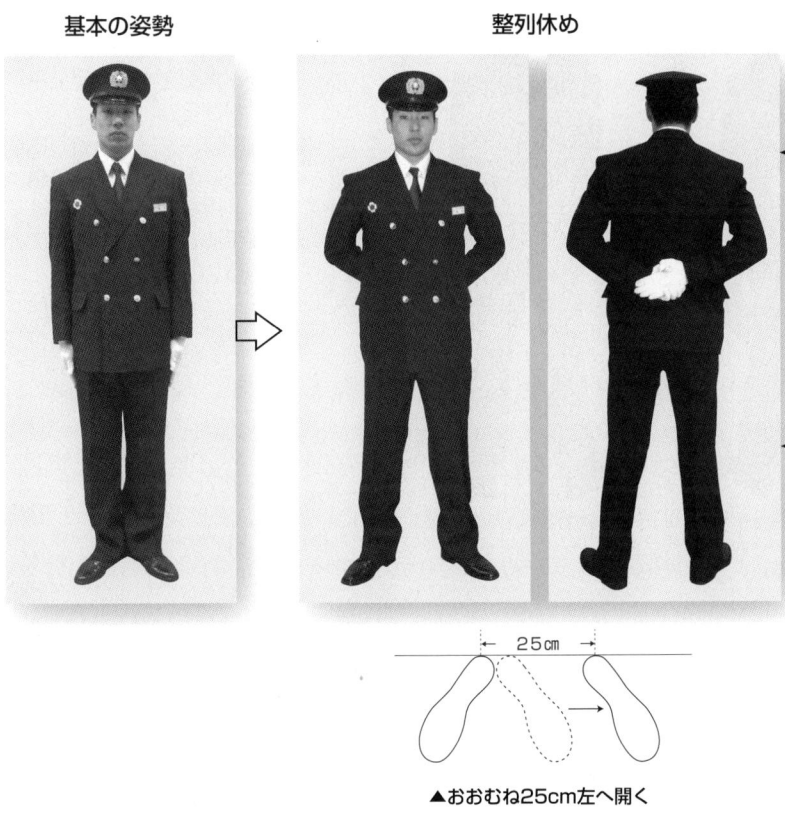

基本の姿勢　整列休め

① 基本の姿勢から「**整列―休め**」の号令で、左足を25cm左へ活発に開き、体重を左右の足に平均にかける。
② 左足を開くと同時に、手は後ろでズボンのバンド中央に重ねて組む。

＊この姿勢で、話をしたり、動いてはならない。

ひざは軽く伸ばす。

▲手のひらは後ろに向けて開き、左手の親指と四指で右手の甲と四指を軽く握り、両親指を交差させる。

▲おおむね25cm左へ開く

2 休めの姿勢

一時的に隊員の緊張した姿勢を緩和するために用いられる姿勢。

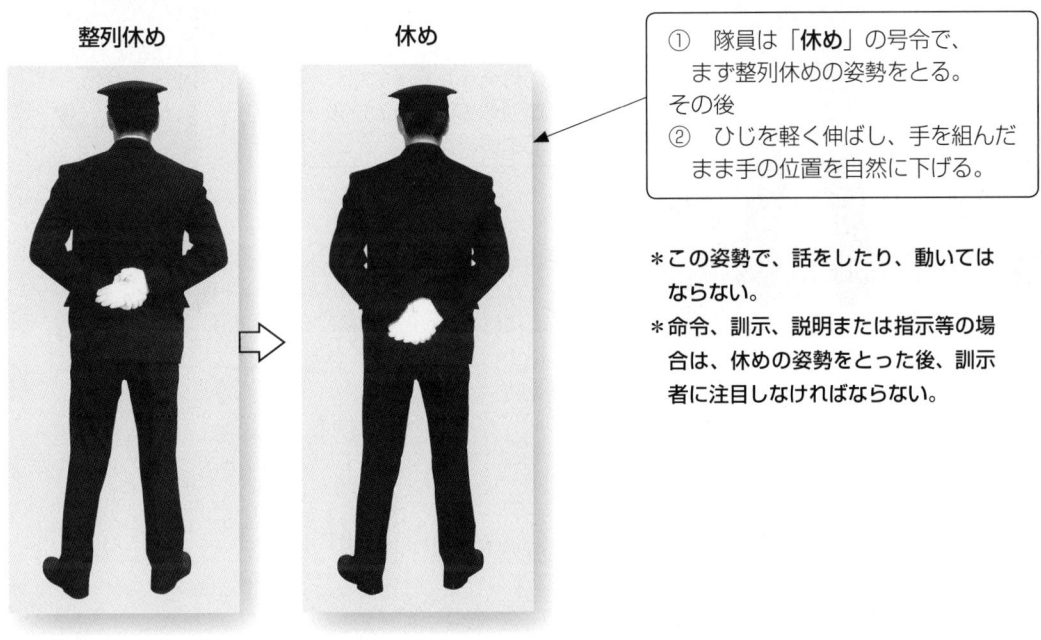

整列休め　休め

① 隊員は「**休め**」の号令で、まず整列休めの姿勢をとる。
その後
② ひじを軽く伸ばし、手を組んだまま手の位置を自然に下げる。

＊この姿勢で、話をしたり、動いてはならない。
＊命令、訓示、説明または指示等の場合は、休めの姿勢をとった後、訓示者に注目しなければならない。

3 （物品を所持している場合の）整列休めの姿勢

帽子は右手で、書類は左手で所持する。

書類を所持

帽子を所持

両手に所持

① 「整列－休め」の号令で、基本の姿勢から左足をおおむね25cm左へ活発に開き、体重を左右の足に平均にかける。
② 同時に、物品を所持している手はそのまま自然に垂れる。所持していない手は後ろ手にし、ベルトの上に重ねる。

4 （物品を所持している場合の）休めの姿勢

書類を所持

帽子を所持

① 「休め」の号令で、整列休めの姿勢をとり、続いて、
② 後ろ手にした手のみ、自然に下げる。

両手に所持

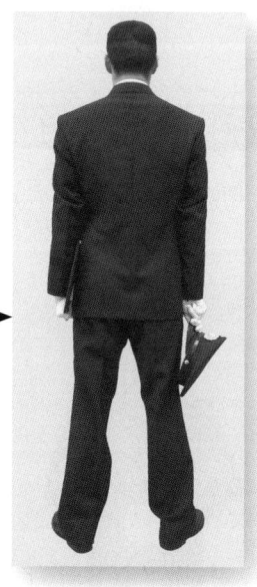

両手に物品を所持している場合は、「休め」の号令がかかっても、整列休めの姿勢のままでよい。

5 （女性かばん携行の）整列休めの姿勢

基本の姿勢　　　　　　　整列休め

① 基本の姿勢から「**整列一休め**」の号令で、左足をおおむね20㎝左へ活発に開く。
② 同時に、左手はかばんのつり革前方結着部を軽く握ったまま、右手のみスカート等のベルトに相当する位置に、後ろ手とする。

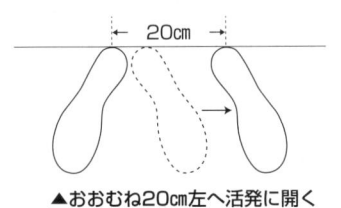

▲おおむね20㎝左へ活発に開く

6 （女性かばん携行の）休めの姿勢

整列休め　　　　　　　休め

① 女性かばん携行の場合は、「**休め**」の号令で、まず整列休めの姿勢をとり、連続して、
② 右手のみ、ベルトに相当する位置から自然に下げる。

7 （女性の場合の）整列休めの姿勢

帽子は右手で、書類は左手で所持する。

書類を所持

帽子を所持

両手に所持

① 「**整列ー休め**」の号令で、基本の姿勢から左足をおおむね20cm左へ活発に開き、体重を左右の足に平均にかける。
② 同時に、物品を所持している手はそのまま自然に垂れる。所持していない手は後ろ手にし、右手のみスカート等のベルトに相当する位置に重ねる。

8 （女性の場合の）休めの姿勢

書類を所持

帽子を所持

① 「**休め**」の号令で、整列休めの姿勢をとり、続いて、
② 後ろ手にした手のみ、自然に下げる。

両手に所持

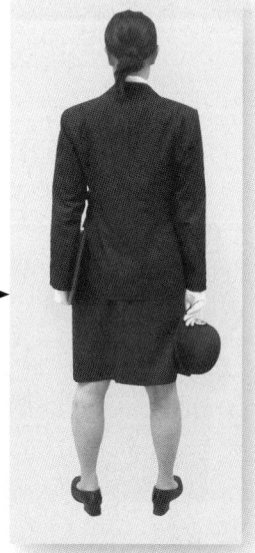

両手に物品を所持している場合は、「**休め**」の号令がかかっても、整列休めの姿勢のままでよい。

§3 右（左）向け（第16条）・半ば右（左）向け（第17条）

1 右向け（左向けは、右向けに準ずる）

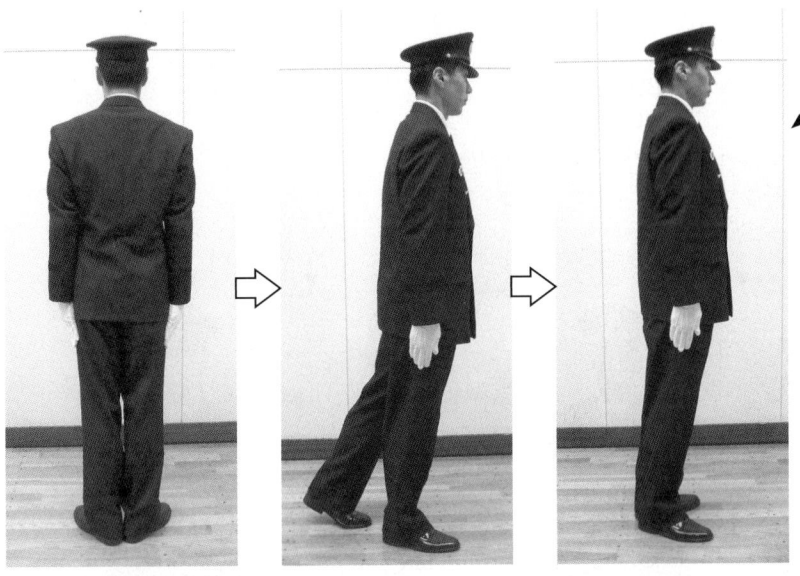

① 「右向けー右」の号令で、左かかとと右つま先をわずかに上げ、右かかと及び左つま先を軸に、右へ90度回転する（回転するとき、手をももから離さない）。
② 次に、左足を活発に引きつけ、左かかとを右かかとにつけ、同一線上にそろえる。

＊旧正面から新正面に向きを変えたときの角度を正確にとる。

＊左かかとと右つま先をわずかに上げる。

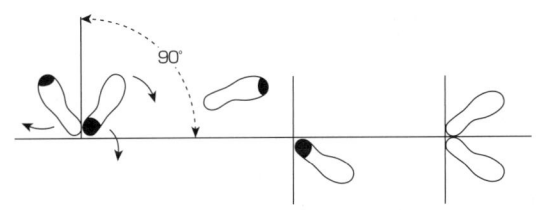

2 半ば右向け（左向けは、右向けに準ずる）

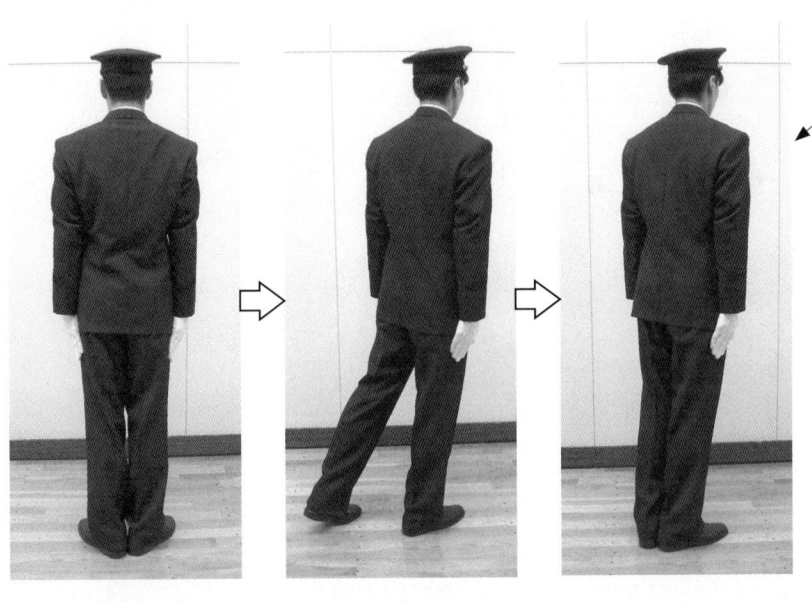

① 「半ば右向けー右」の号令で、左かかとと右つま先をわずかに上げ、右かかと及び左つま先を軸に、右へ45度回転する（回転するとき、手をももから離さない）。
② 次に、左足を活発に右足に引きつけ、左かかとを右かかとにつけ、同一線上にそろえる。

👉 ワンポイント・レッスン
　45度以外に方向を変える場合は、目標「右（左）方向○○」と示し、「右（左）向けー右（左）」の号令をかける。

Firefighting §4 後ろ向き（まわれ右）（第18条）

後ろ向きは、「**まわれ－右**」の号令による。

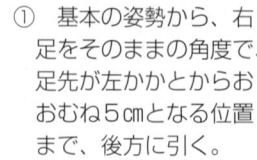

① 基本の姿勢から、右足をそのままの角度で、足先が左かかとからおおむね5㎝となる位置まで、後方に引く。

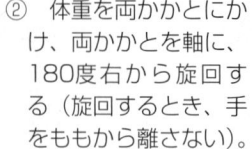

② 体重を両かかとにかけ、両かかとを軸に、180度右から旋回する（旋回するとき、手をももから離さない）。

③ 右かかとを活発に左かかとに引きつけ、基本の姿勢をとる。

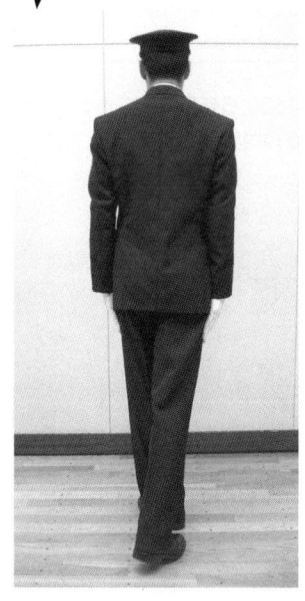

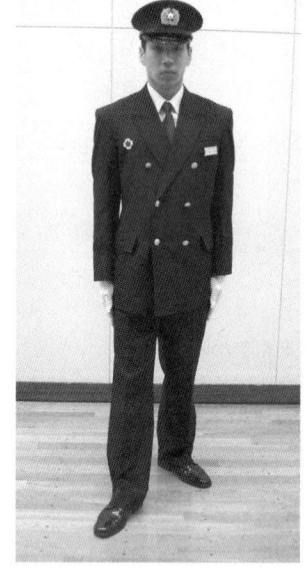

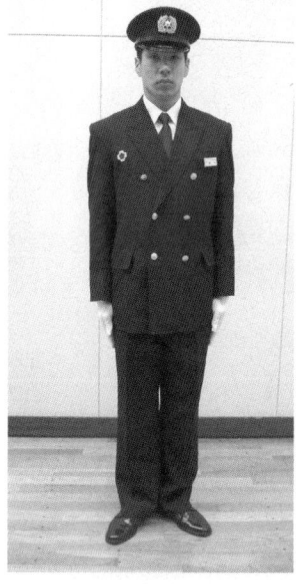

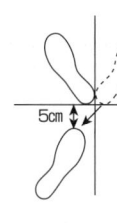

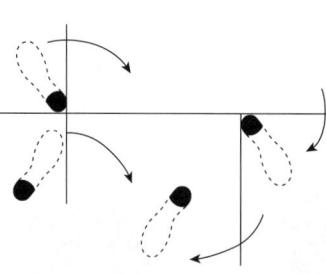

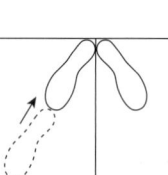

§5 速足行進（第19条）・速足行進の停止（第20条）

1 速足行進

速足行進は「**前へー進め**」の号令による。

女性（かばん携帯）の場合

② ももの高さは自然の歩行時と同じ。
③ 歩行は元気良く、節度をつけ基準の歩調で。

＊前方を直視し、口は閉じる。
歩幅　70cm
（1分間に120歩）

① 予令「**前へー**」で体重を前に移し、動令「**進め**」で左足から前進する。
指先、ひじを伸ばし、体側と平行に振る。おおむね前方へ45度、後方へ15度となるよう自然に振る。

予令「**前へー**」で体重を前に移し、動令「**進め**」で左足から前進する。左手でかばんを持ち、右腕のみ振る。

2 速足行進の停止

速足行進の停止は「**速足ー止まれ**」の号令による（目標位置から1歩前で動令をかける）。

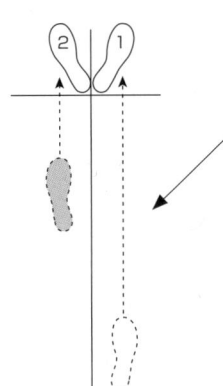

速足ー「**止まれ**」の動令が、左足にかかった場合には、後ろになっている右足を1歩前に踏み出し、次の足（左足）を引きつけて、止まる。

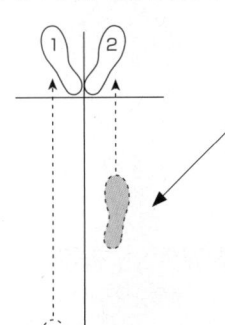

速足ー「**止まれ**」の動令が、右足にかかった場合には、後ろになっている左足を1歩前に踏み出し、次の足（右足）を引きつけて、止まる。

＊あと足は、上げて引きつけることなく、地面近くを迅速に節度をつけて元気良く引きつける。

> **ワンポイント・レッスン**
> 1　「歩幅」とは
> 　　徒歩行進の歩の長さをいい、各人のかかとからかかとを測る。速足はおおむね70cmとし、かけ足はおおむね80cmとする。
> 2　「歩調」とは
> 　　1分間に行進する速度をいう。速足はおおむね120歩、かけ足はおおむね180歩とする。

第1章 各個訓練

§6 右（左）向け発進 （第21条）

停止間より行進を起こし、同時に右（左）へ方向変換させるには「右（左）向け前へー進め」の号令による。
　＊この右（左）向け発進は、小隊縦隊、中隊並列縦隊の部隊訓練で用い、小隊横隊、小隊側面縦隊のように、右（左）向けによって「ご」を組む（又はごを解く）隊形には用いない。

1 右向け発進

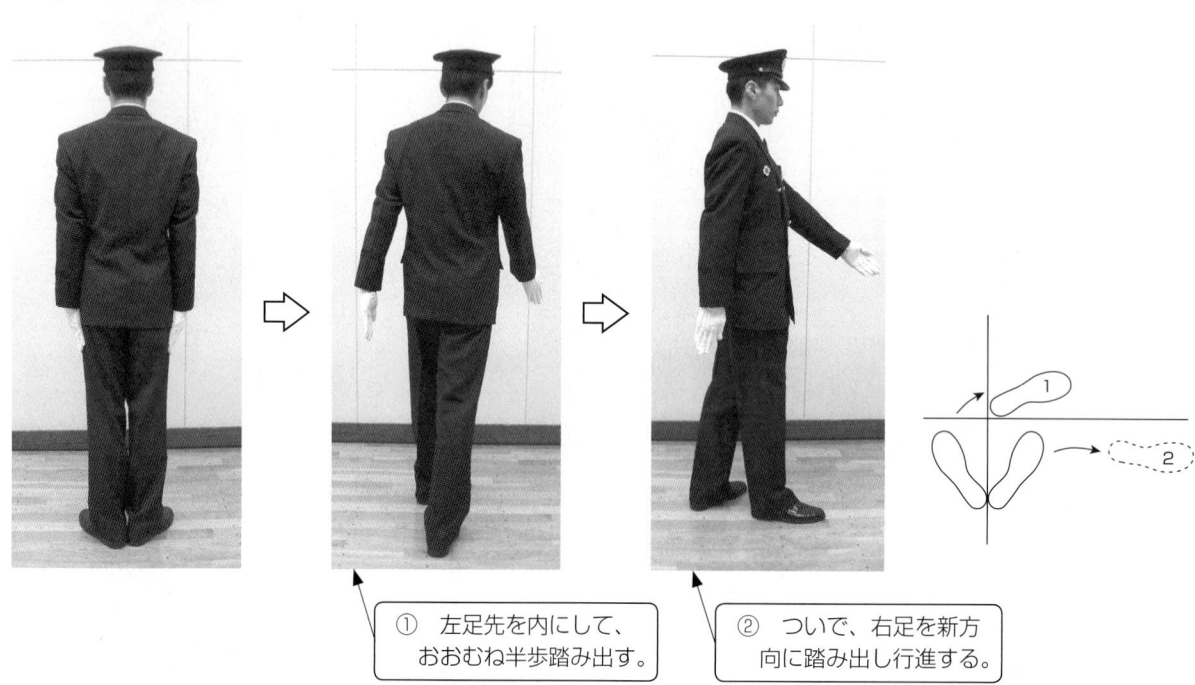

① 左足先を内にして、おおむね半歩踏み出す。

② ついで、右足を新方向に踏み出し行進する。

2 左向け発進

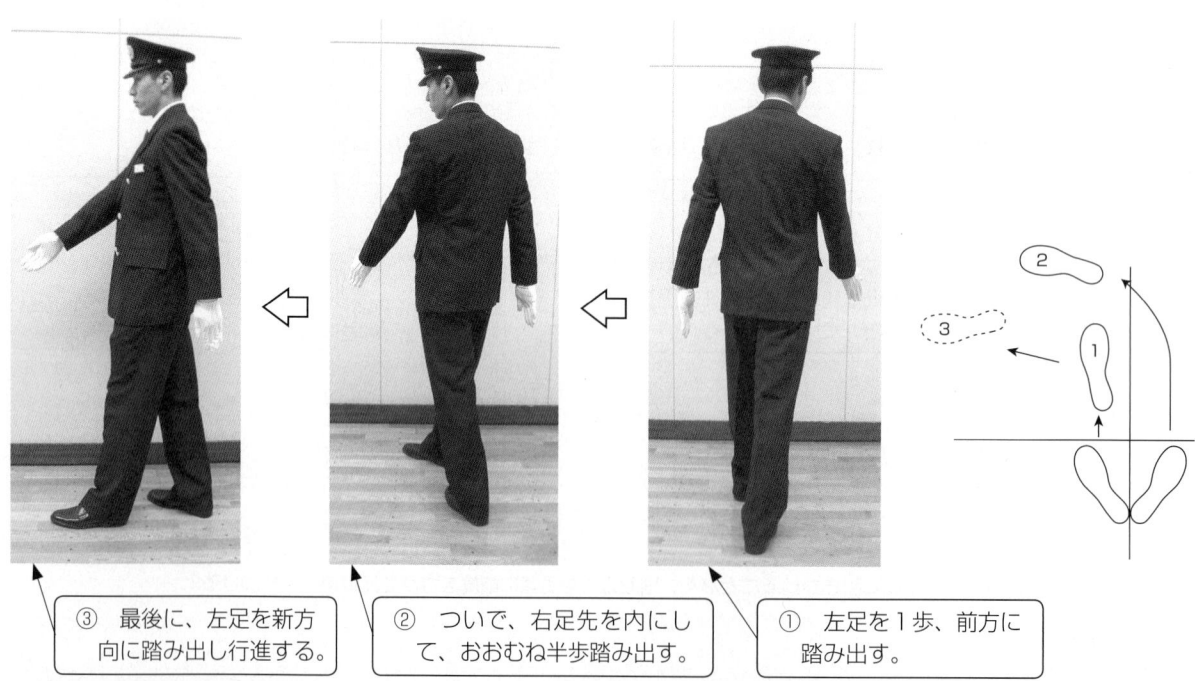

③ 最後に、左足を新方向に踏み出し行進する。

② ついで、右足先を内にして、おおむね半歩踏み出す。

① 左足を1歩、前方に踏み出す。

ワンポイント・レッスン
目標が90度方向でないときは、目標を示してから号令をかける。

10

§7 行進中の右（左）向け（第22条）

行進中に右（左）へ方向変換させるには、「**右（左）向け前へ―進め**」の号令による。

1 行進中の右向け

行進中、左足で動令がかかったときは、第1動で右足を1歩踏み出し、第2動で左足先を内にしておおむね半歩踏み出し、第3動で右足を新行進方向に踏み出し、行進を続ける。

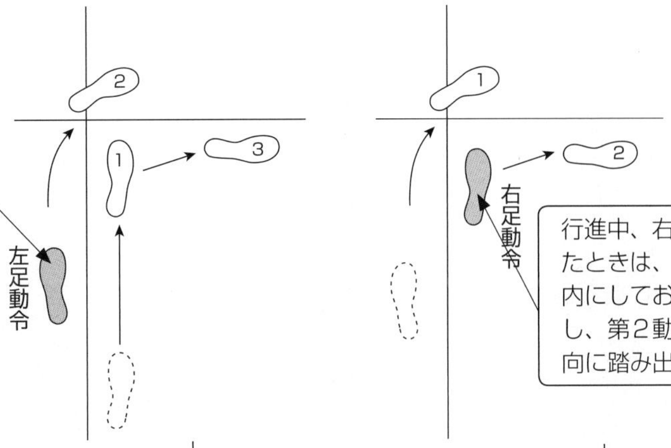

行進中、右足で動令がかかったときは、第1動で左足先を内にしておおむね半歩踏み出し、第2動で右足を新行進方向に踏み出し、行進を続ける。

2 行進中の左向け

行進中、左足で動令がかかったときは、第1動で右足先を内にしておおむね半歩踏み出し、第2動で左足を新行進方向に踏み出し、行進を続ける。

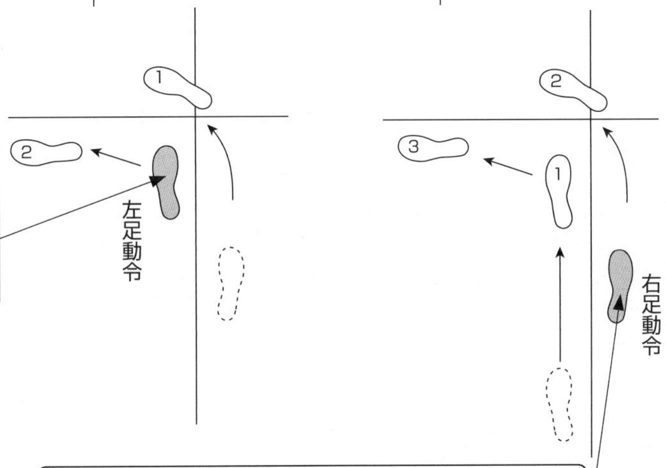

行進中、右足で動令がかかったときは、第1動で左足を1歩踏み出し、第2動で右足先を内にしておおむね半歩踏み出し、第3動で左足を新行進方向に踏み出し、行進を続ける。

§8 行進中の斜行進（第24条）

行進中に斜行進させるには、「**斜めに右（左）へ―進め**」の号令による。

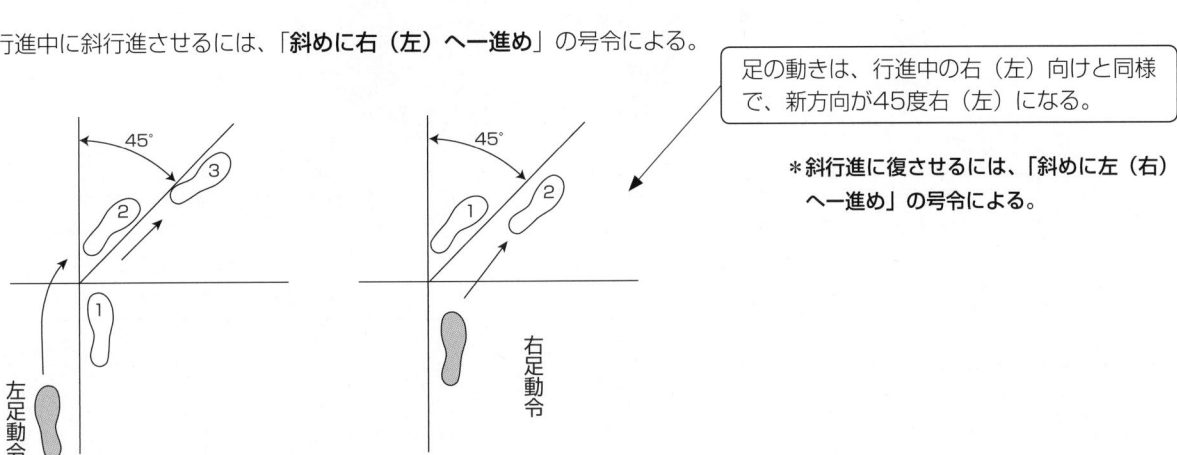

足の動きは、行進中の右（左）向けと同様で、新方向が45度右（左）になる。

＊斜行進に復させるには、「**斜めに左（右）へ―進め**」の号令による。

第1章　各個訓練

§9 右（左）向け停止 (第23条)

行進中、停止と同時に右（左）に向かせるには、「右（左）向け一止まれ」の号令による。

1 右向け停止

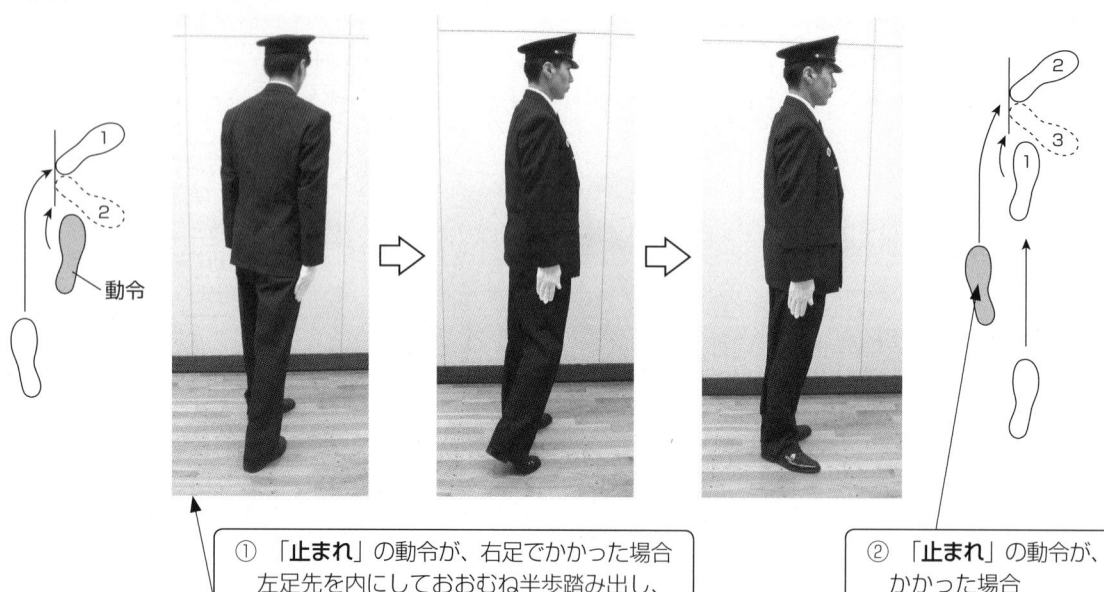

① 「止まれ」の動令が、右足でかかった場合
左足先を内にしておおむね半歩踏み出し、第2動で体を右に向け、右足を引き付けて停止し、基本の姿勢をとる。

② 「止まれ」の動令が、左足でかかった場合
右足を1歩前に踏み出し、次に左足先を内にしておおむね半歩踏み出し、体を右に向け、右足を引き付けて停止する。

2 左向け停止

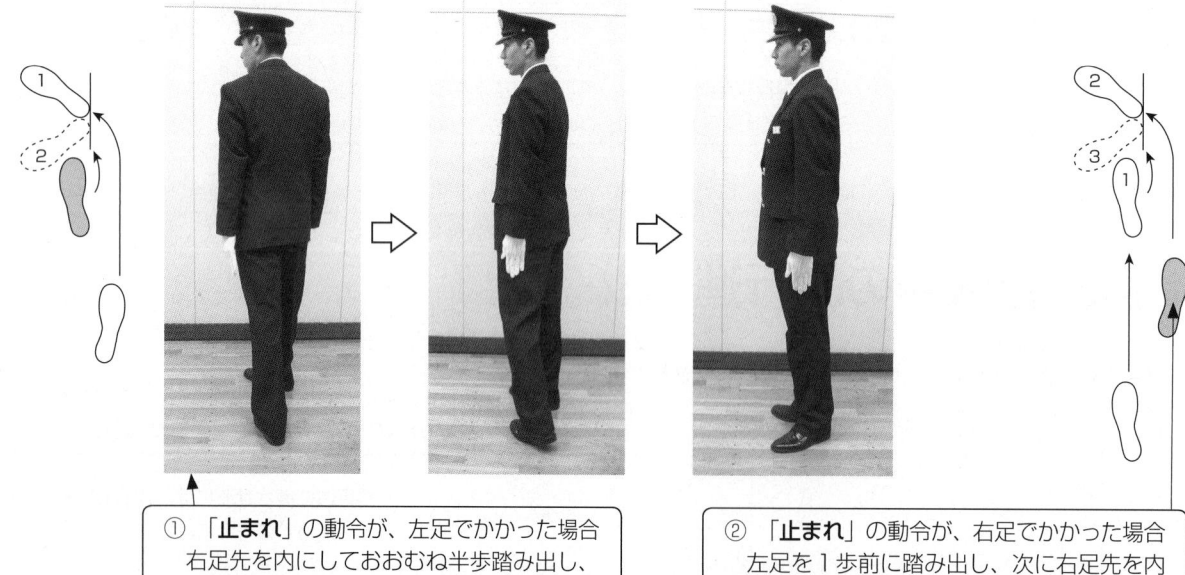

① 「止まれ」の動令が、左足でかかった場合
右足先を内にしておおむね半歩踏み出し、第2動で体を左に向け、左足を引き付けて停止し、基本の姿勢をとる。

② 「止まれ」の動令が、右足でかかった場合
左足を1歩前に踏み出し、次に右足先を内にしておおむね半歩踏み出し、体を左に向け、左足を引き付けて停止する。

ワンポイント・レッスン
・目標が90度方向でないときは、目標を示してから号令をかける。
・第52条のように、側面縦隊（又は横隊）で、左（右）向き停止をしたときは、新進行方向に向いたまま停止した後、ごを解く（又はごを組む）。

§10 行進中の後ろ向き （第25条）

行進中の後ろ向きは、「**まわれ右前へー進め**」の号令による。

1 動令が左足でかかった場合

① 両手を自然にたらし、手のひらをももにつけ、右足を1歩踏み出す。

② 左足先を内にしておおむね半歩踏み出す。

③ 即座に両つま先を軸に180度右に旋回する（手のひらをももから離さない）。

④ 引き続き、左足から行進する。

＊女性隊員がかばんを携行する場合は、右手のみ自然にたれる。

2 動令が右足でかかった場合

両手を自然にたらし、手のひらをももにつけ、左足先を内にしておおむね半歩踏み出し、即座に両つま先を軸に180度右に旋回し、引き続き、左足から行進する。

＊女性隊員がかばんを携行する場合は、右手のみ自然にたらし、手のひらをももにつける。

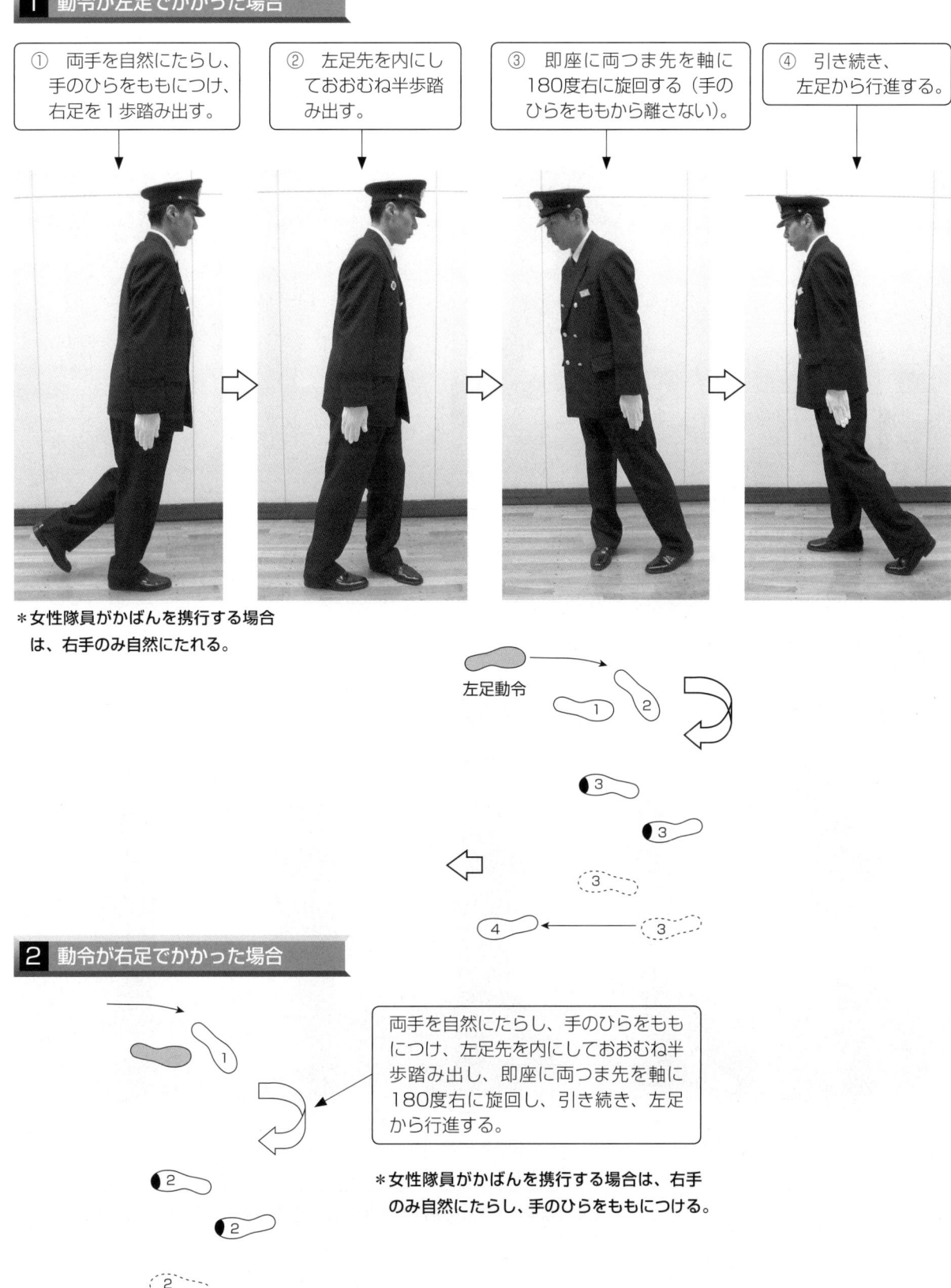

第1章 各個訓練

§11 かけ足行進（第26条）・かけ足行進の停止（第29条）

1 かけ足行進

かけ足行進させるには「**かけ足―進め**」の号令をかける。

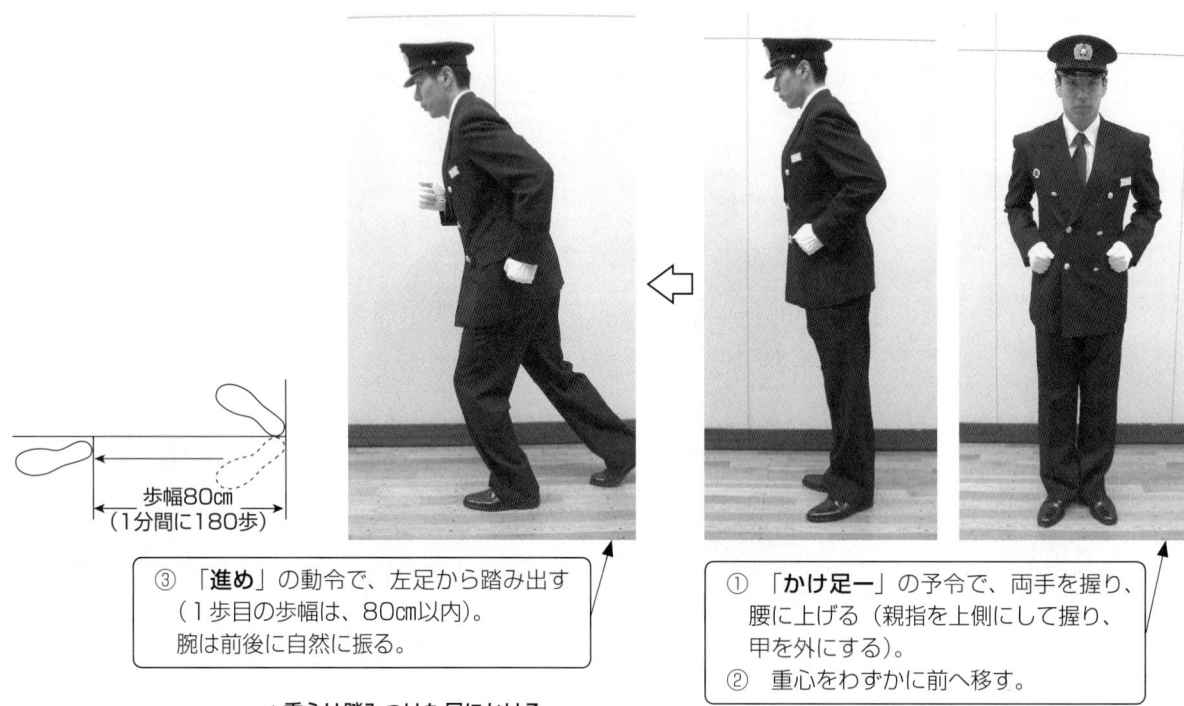

③ 「**進め**」の動令で、左足から踏み出す（1歩目の歩幅は、80cm以内）。腕は前後に自然に振る。

＊重心は踏みつけた足にかける。

① 「**かけ足―**」の予令で、両手を握り、腰に上げる（親指を上側にして握り、甲を外にする）。
② 重心をわずかに前へ移す。

2 かけ足行進の停止

かけ足行進を停止させるには、「**かけ足―止まれ**」の号令をかける。

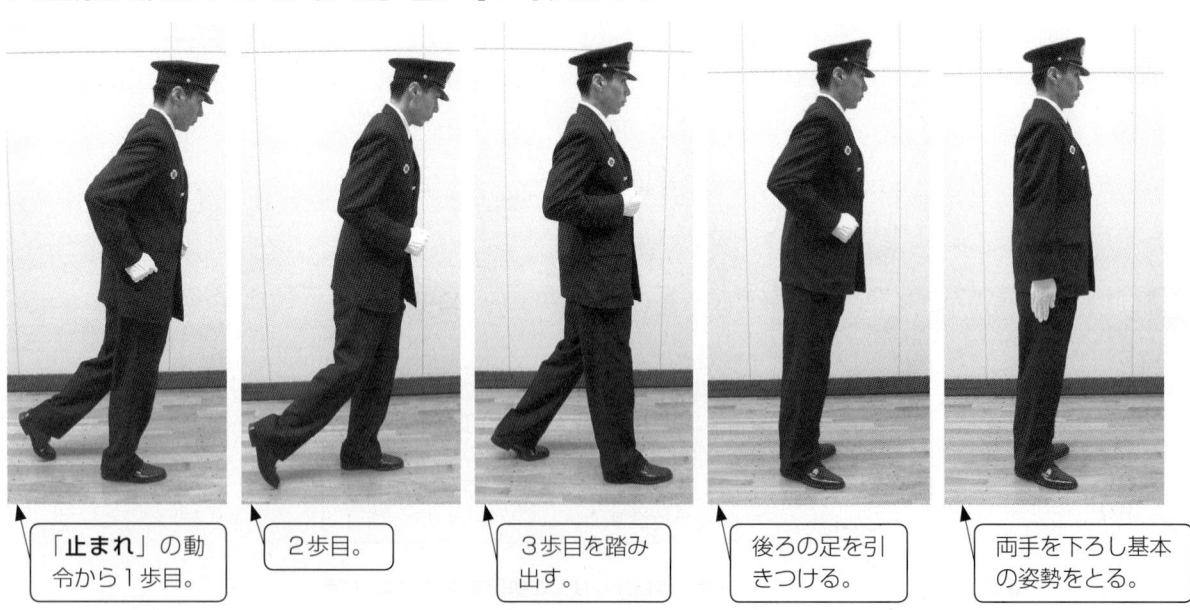

「**止まれ**」の動令から1歩目。

2歩目。

3歩目を踏み出す。

後ろの足を引きつける。

両手を下ろし基本の姿勢をとる。

＊女性隊員がかばんを携行する場合は、右手のみおろし基本の姿勢をとる。

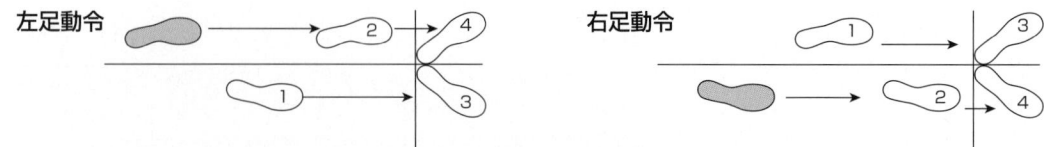

§12 速足（かけ足）行進からかけ足（速足）行進への移行

（第27条・第28条）

1 速足行進からかけ足行進への移行

速足行進からかけ足行進をさせるには、「**かけ足ー進め**」の号令による。

① 速足行進の状態。

② 「**かけ足ー**」の予令で両手を腰に上げ、自然に振り、そのまま速足行進を続ける。両手は親指を上にして握り、甲を外にする。女性隊員がかばんを携行する場合は、右手のみ腰に上げる。

③ 「**進め**」の動令で、後ろの足を更に1歩踏み出す。この1歩はかけ足の基準より多少短くなる。

④ 次の1歩から、かけ足に移る。

2 かけ足行進から速足行進への移行

かけ足行進から速足行進をさせるには、「**速足ー進め**」の号令による。

① かけ足行進の状態。

② 「**進め**」の動令から1歩目。

③ 2歩目。

④ 両手を開いておろし、3歩目から速足行進に移る。女性隊員がかばんを携行する場合は、右手のみ開いておろす。

第1章 各個訓練

Firefighting §13 かけ足行進の後ろ向き (第30条)

かけ足行進中に、後ろ向きをさせるには、「まわれ右前へー進め」の号令による。

1 動令が、左足でかかった場合

①～③ 右、左、右と3歩前進する。

④ 左足先を内にして、半歩踏み出す（両手は握って、腰に上げたまま）。
＊女性隊員がかばんを携行する場合は、右手のみ握って腰に上げたまま。

⑤ 両つま先を軸に、180度右にまわる（両手は握って腰に上げたまま）。

⑥ 引き続き左足から、かけ足行進する。

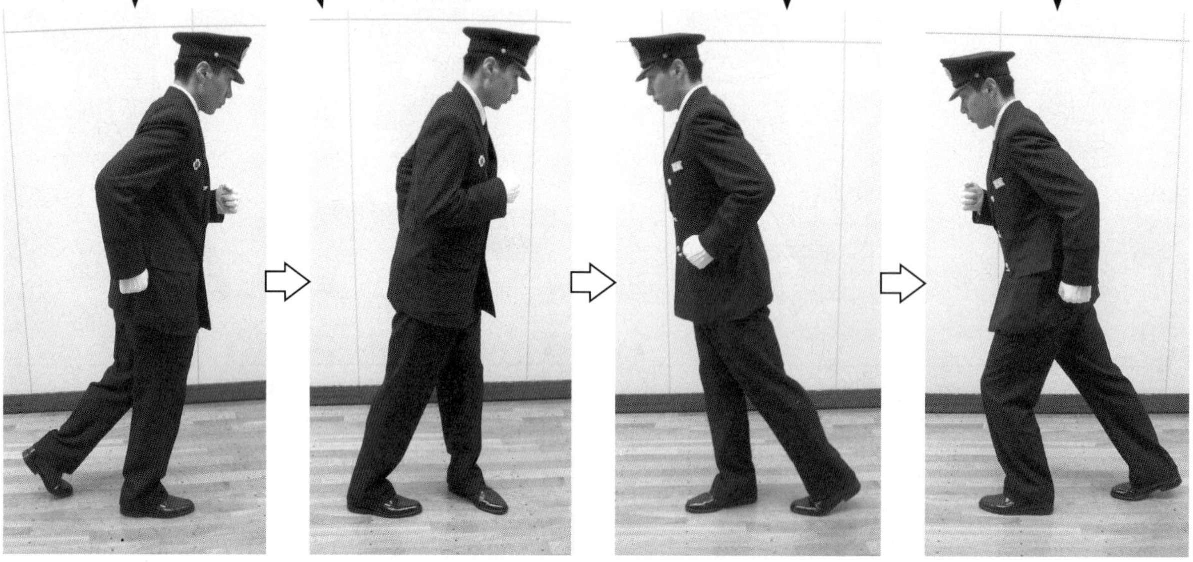

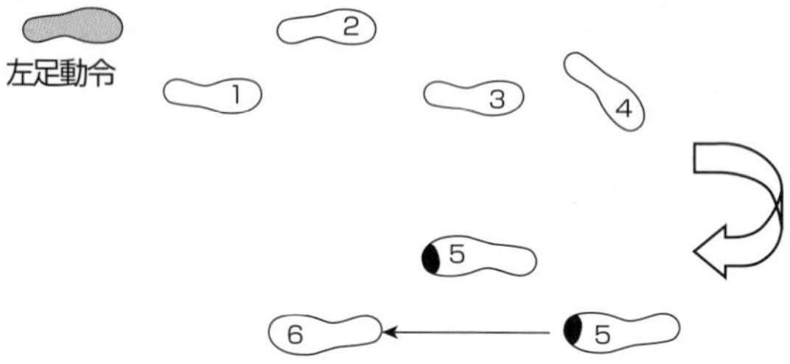

2 動令が、右足でかかった場合

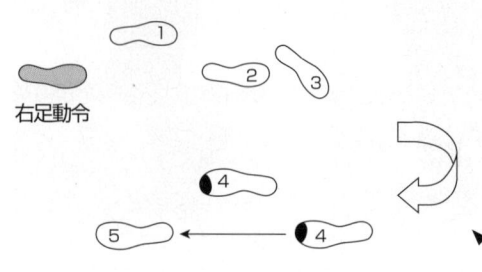

両つま先を軸に、180度右にまわる（両手は握って腰に上げたまま）。動令が右足でかかった場合には、図のように左足、右足と2歩前進してから、左足先を内に半歩踏み出し、両つま先を軸に180度右にまわり、引き続き左足から、かけ足行進する。

＊女性隊員がかばんを携行する場合は、右手のみ握って腰に上げたまま。

16

§14 隊員の確認（番号のかけ方）（第40条・第41条）

人員の確認は、「**番号**」の号令をかけて行う。
番号を呼称する列員は、横隊においては前列、縦隊においては最右翼列員である。

1 横隊の番号のかけ方

前列右翼から左へ、基本の姿勢で自己の番号を活発に短く発唱する。

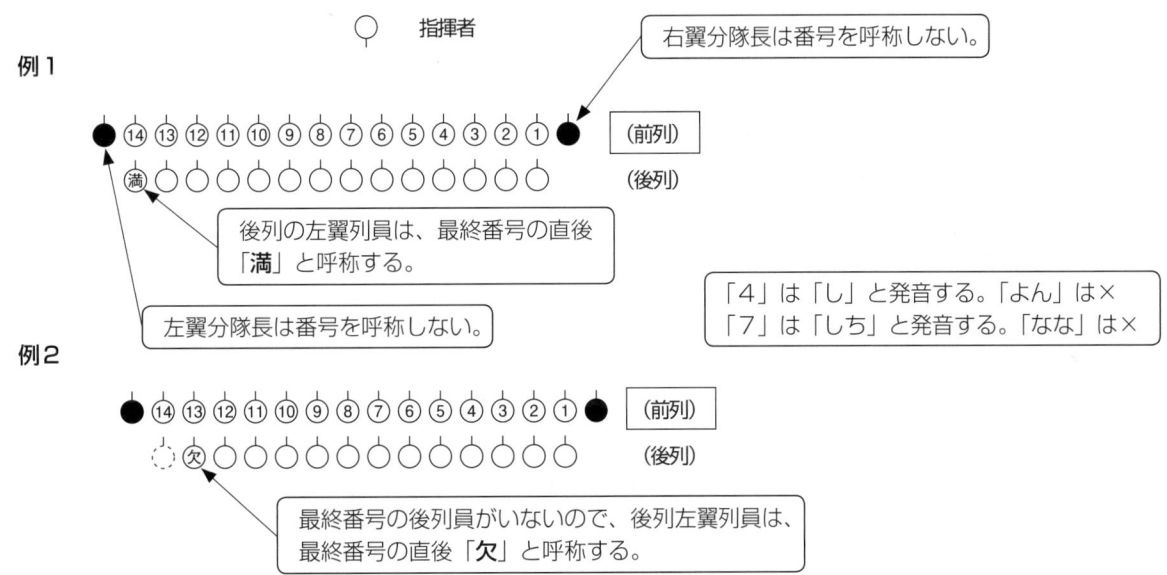

2 縦隊の番号のかけ方

最右翼列員の先頭分隊長から順次、基本の姿勢で自己の番号を活発に短く発唱する。

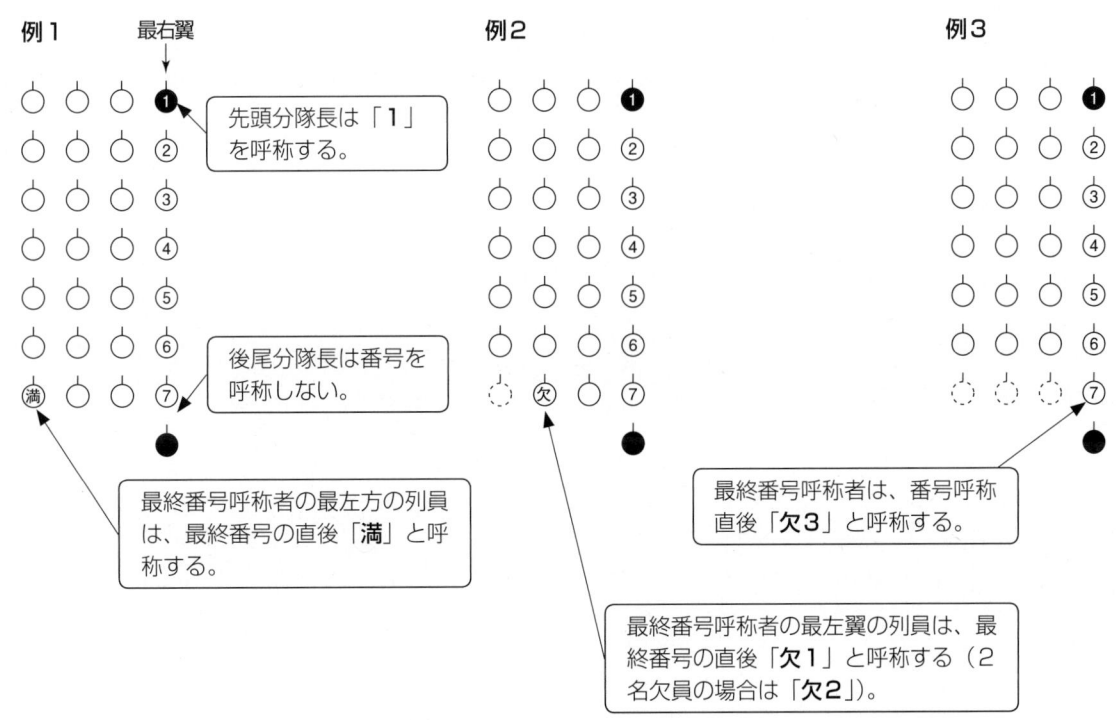

第 2 章　小隊訓練

- §1 小隊の編成
- §2 小隊の隊形
- §3 横隊の集合
- §4 縦隊の集合
- §5 横隊の整頓
- §6 側面縦隊の整頓
- §7 縦隊の整頓
- §8 整頓の的確
- §9 横隊の右（左）向き
- §10 横隊の後ろ向き
- §11 横隊の方向変換
- §12 側面縦隊の方向変換
- §13 側面縦隊の横隊変換
- §14 解散

第2章 小隊訓練

§1 小隊の編成 (第43条)

小隊は、3分隊に分け、分隊は、10人の隊員をもって編成する。指揮者は2列横隊に集める。自発的整頓が始まると同時に、指揮者の位置に移動し、整頓終了後、以下の要領で小隊を編成する。

① 「小隊の編成をする」「最右翼前後列員5歩、前へー進め」の号令
（最右翼の列員5歩前へ進み、列員1番、2番となる）。
② 「左向けー左」（列外者は左向けをし、自主整頓）

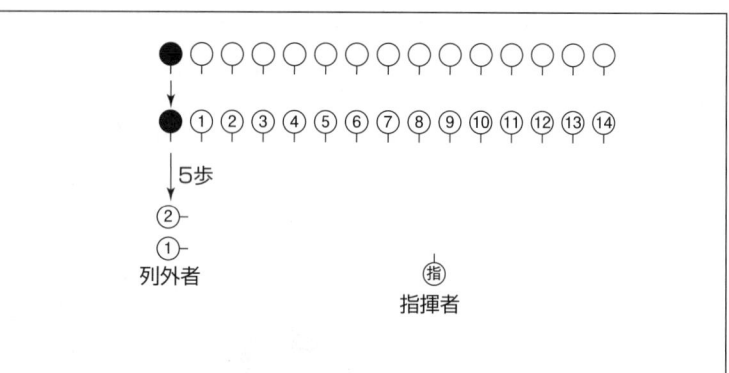

③ 「番号」
（列外者、隊員とも呼称する。）
④ 「分隊を編成する」
「第1分隊長は、列外者1番〇〇」
「第2分隊長は、前列1番〇〇」
「第3分隊長は、列外者2番〇〇」
「〇番まで第1分隊、〇番まで第2分隊、左翼第3分隊」

⑤ 「分隊長、位置につけ」
⑥ 列外者1、2番は、左向けをし、かけ足で移動する。
＊1番は、後ろ向きに停止後、まわれ右して、右翼きょう導の位置へ。
＊2番は、後列の後ろを通って、左翼きょう導の位置へ。

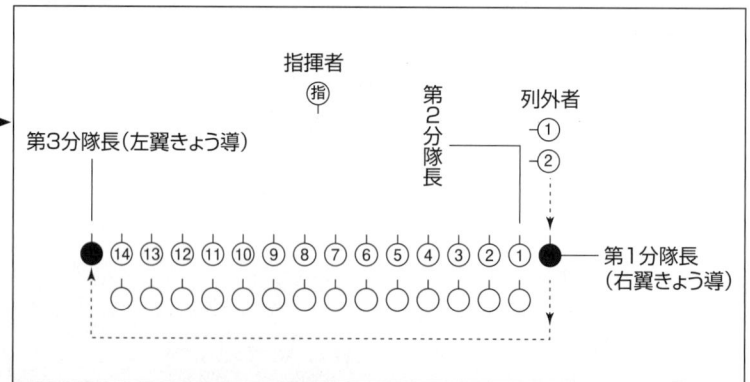

20

§1 小隊の編成

⑦ 「番号」

＊両翼分隊長は番号を呼称しない。

⑧ 指揮者は、かけ足で指揮者の位置へ。
＊位置につくときは、半ば左向きをして、右足を左足にひきつけた後、左足からかけ足をし、左向き停止の要領で隊列につく。

ワンポイント・レッスン

「ご」とは
横隊にあっては、前後列の2人を「ご」という。
縦隊にあっては、左（右）方列の4人を「ご」という。

「欠ご」とは
横隊にあっては、左翼後列の隊員が欠けている場合を「欠ご」という。
縦隊にあっては、後尾左（右）方列の隊員が欠けている場合を「欠ご」という。

第2章 小隊訓練

Firefighting §2 小隊の隊形 （第44条）

1 小隊横隊

横隊は、主として集合、点検、短距離の動作時に用いる。

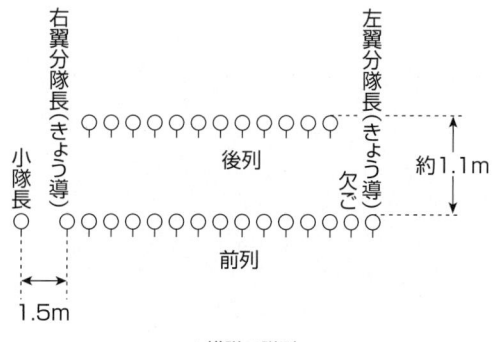
▲横隊の隊形

ワンポイント・レッスン

「間隔」とは
間隔とは、同一線上に横に並んだ単位間の間げきをいう。隊員間の間隔は、右方の隊員の左肩から左側の隊員の右肩までで、特に間隔を指定した場合は、両者の両かかとの中心から中心までを測る。横隊においては、小隊長と右翼分隊長との間隔が1.5mとなる。

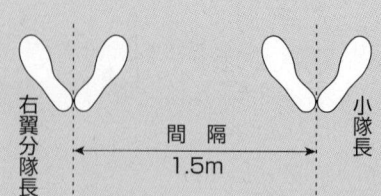

「距離」とは
距離とは、同一線上に縦に並んだ単位間の間げきをいう。前の者のかかとから後の者のかかとまでをいうもので、縦隊においては、小隊長と先頭分隊長との距離が1.5mとなる。

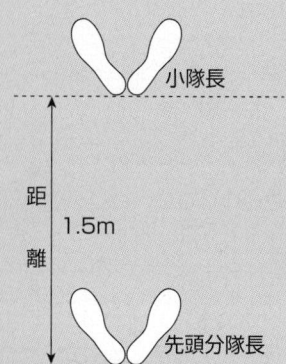

2 小隊側面縦隊

側面縦隊は、主として横隊に連けいして行う行動動作に用いる。

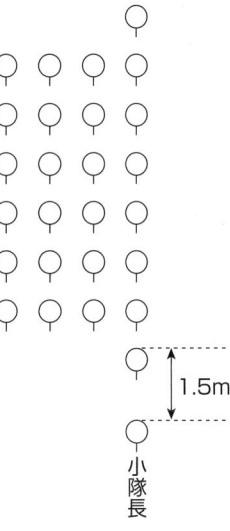

3 小隊縦隊

縦隊は、主として集合及び長距離の行動隊形に用いる。

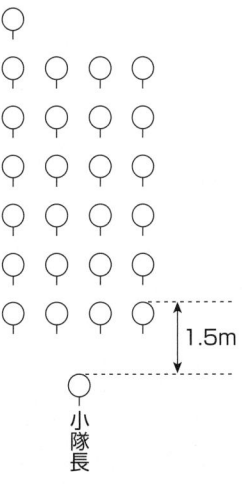

第2章 小隊訓練

Firefighting §3 横隊の集合（第45条）

1 横隊の集合要領

① 指揮者は右手を垂直に上げ「集まれ」の号令をかける。

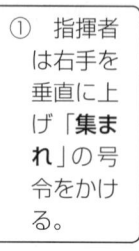

② 右翼分隊長の資格を有する者は、かけ足で、指揮者との距離5mの位置に正対し、「基準」と呼称する。

③ 他の隊員は、右翼分隊長の左方に、身長順に2列横隊となり、自発的に整頓する。
列間の距離はおおむね1.1m。

＊整頓するときは、列員各自が正しい姿勢をとり一定の間隔と、後列員は一定の距離をとって前列員に重なる。

④ 指揮者は、右翼分隊長が「基準」と呼称した後、手を下ろし、自発的整頓が始まるのと同時に、指揮者の位置へ移動する。
＊右翼分隊長は列員の3分の1が集合線に入ったとき手を下ろす。

＊指揮者の位置は、横隊の長さを底辺とした二等辺三角形の頂点で、部隊と適切な距離を保つ位置とする。

§4 縦隊の集合 (第46条)

① 指揮者は、集合位置を決定し、右手を垂直に上げ「**縦隊に―集まれ**」の号令をかける。

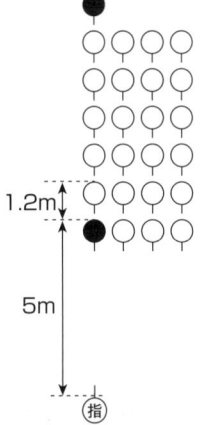

② 先頭分隊長は、指揮者から5mの位置に正対し、右手を垂直に上げ、「**基準**」と呼称する。列員は4列縦隊に集合し、自主整頓する。
列員間の距離はおおむね1.2m。

③ 指揮者は、先頭分隊長の「**基準**」の呼称後、手を下ろし、自発的整頓が始まると同時に指揮者の位置へ移動する。先頭分隊長は、指揮者が手を下ろしたのち、適宜手を下ろし、隊列の整頓状況を確認し、頭を正面に復する。

§5 横隊の整頓 (第48条)

① 「右へーならえ」の号令
② 右翼分隊長と後列一番員を除く列員は（左翼分隊長を含む。）、右手を腰にあて、ひじを側方に張ると同時に、頭を右にまわし、右列員にならう。後列員は、前列員に正しく重なって（約1.1mの距離をとり）、右列員にならう。
　右翼分隊長と、後列1番員は、頭を左に向け、整頓状況を確認する。

・各自が正しい姿勢をとって、整頓する線とかかとの線を一致させる。
・右（左）目で右（左）列員を見るときはおおむね右（左）列員のえり部を基準とする。
・右（左）目で全線を見通す場合には頭や上体を前方に出さない。

▲ひじは正しく側方に張る
（手首を折らない）

▲悪い例；手首が折れている

③ 整頓が終わったとき、「直れ」の号令で、右手を下ろすと同時に、頭を正面に戻す。

§6 側面縦隊の整頓 (第49条)

横隊が右（左）向きをすると側面縦隊となるが、これを整頓させるには次のように行う。

> ① 「**ならえ**」の号令により、先頭分隊長は動かず、旧正面にある列員と後尾分隊長は、おおむね1.2mの距離をとって、前の者に重なる（後尾分隊長は、直前の列員が奇数員の場合、おおむね1.2mの距離をとるため後方に下がる）。
> ② 先頭分隊長とその直後の隊員との距離は、右向きしたままの距離。

▲先頭分隊長と旧正面にある列員は、前方を直視したまま。他の列員は、前の者に重なった後、旧正面の列員に頭を向け、整頓する（手を上げない）。

> ③ 整頓が終わり、「**直れ**」の号令で、隊員は頭を正面に復する。

Firefighting §7 縦隊の整頓（第50条）

① 指揮者の「**ならえ**」の号令により、最右翼列の先頭分隊長は動くことなく、基準列員は、おおむね1.2mの距離をとって、先頭分隊長に重なる。
② 基準列員以外の列員は、右手を腰にあて、前方の者に重なり、基準列員の方に頭を向け、整頓する。

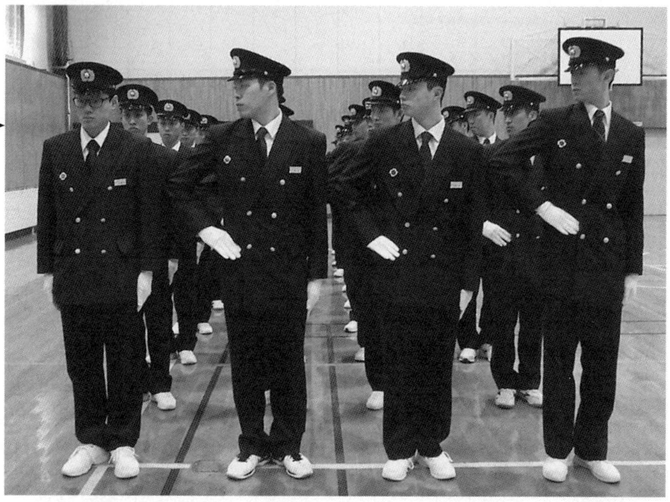

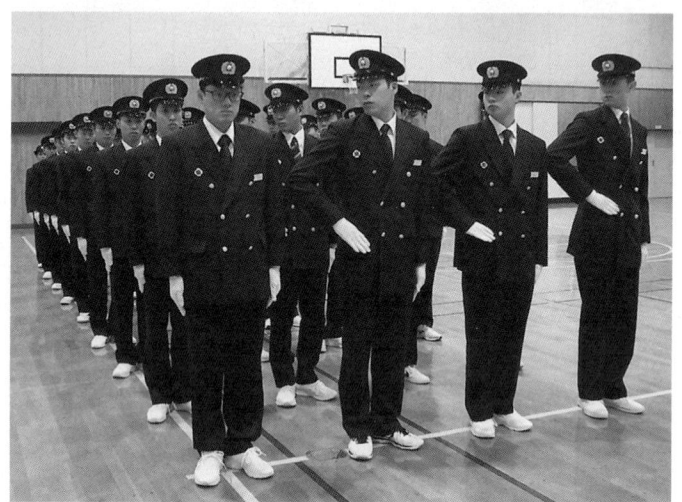

▲先頭分隊長は、動かない。

▲先頭分隊長以外の基準列員は、1.2mの距離をとった後、前方を直視したまま。

③「**直れ**」の号令で、隊員は頭を正面に復し、右手を下ろす。

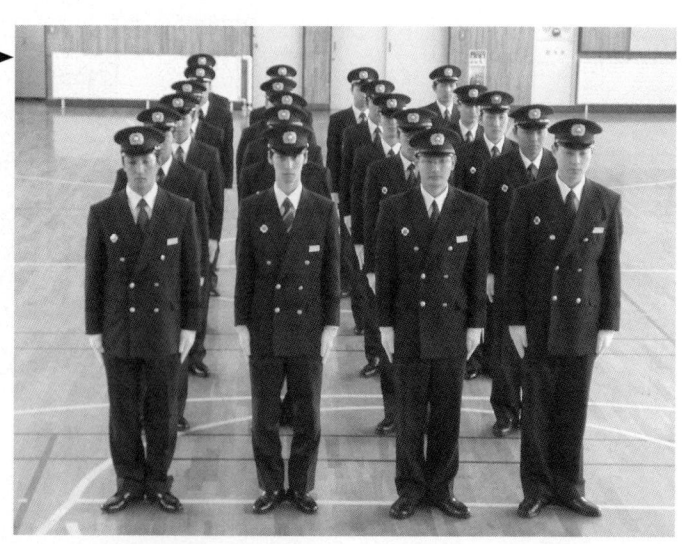

§8 整頓の的確 (第51条)

① 「きょう導、3歩前へー進め」の号令で、両翼きょう導は3歩前進する。

② 指揮者は、半ば左向きをして右足を左足に引きつけた後、かけ足で右翼きょう導から6mのところで停止し、同きょう導の位置、方向、姿勢等を正す。

＊指揮者の移動要領は前に同じ。

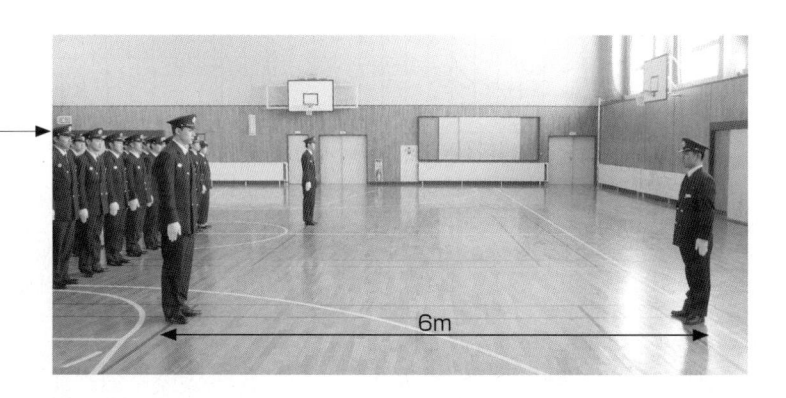

③ 更に右翼きょう導の右方3mのところに移動し、同きょう導を基準として、左翼きょう導の位置を正す。

＊**「左翼きょう導ー前（あと）」**の指示号令で、左翼きょう導は（そのままの姿勢で）前後にすり足で移動し、**「よし」**の号令で停止する。

④ 指揮者は指揮者の位置に戻り、**「右へーならえ」**の号令。
⑤ 列員は、号令により3歩前進する（ただし、最後の1歩は歩幅を縮め、すり足で整頓線につくようにする）。
・右翼きょう導は、号令と同時に頭を左に向ける。左翼きょう導は、号令で頭を右に向けると同時に、右手を腰にあてる。
⑥ 両翼きょう導は、自分に近い2、3列員を新整頓線に入れるようにする。

第2章 小隊訓練

⑦ 前列列員は整頓線で右手を腰に当て整頓する(この際、左翼きょう導は動かない)。
・後列員は前列員に正しく重なった後、右手を腰に当て整頓する(後列1番員は距離をとった後、頭を左に向け、整頓状況を確認する)

＊左翼きょう導は、最左翼列員と間隔を調整するときは、指揮者の「左翼きょう導正規の間隔をとれ」の号令を待って間隔を詰める。

⑧ 「直れ」の号令。

⑨ 「直れ」の号令の後、指揮者は必要により整頓状況を検査する。正すときは、右翼きょう導の右方おおむね3mのところに側面し、列員のかかとの全線が見通せる位置から「何番、前(あと)」「よし」の要領で(後列についても同じ)行う。整頓を正す必要のないときは、「よし」とのみ呼称する。

▲前列員のかかとの全線が見通せる位置に正しく側面する。　▲後列員のかかとの全線が見通せる位置に。

＊前(後)列を整頓させるときは「前(後)列」と呼称してから行う。
＊多数の者を同時に整頓させる必要がある場合は、おおむね隊列の3分の1以上を正した後、「何番から左翼、右へーならえ」又は「何番から左翼、前(あと)」の指示命令により行う。

指揮者の一連の動き

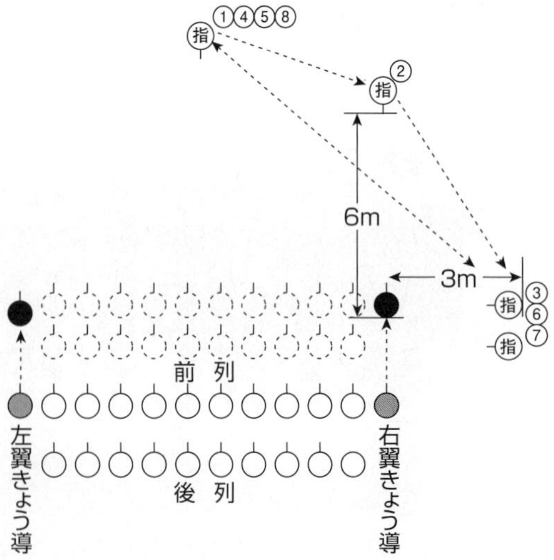

①号令「きょう導、3歩前へー進め」
②右翼きょう導の位置、方向、姿勢等を正す。
③左翼きょう導の位置を正す。
④号令「右へーならえ」
　(「左翼きょう導正規の間隔をとれ」)
⑤号令「直れ」
⑥前列、整頓を正す。
⑦後列、整頓を正す。
⑧指揮位置に戻る

30

§9 横隊の右（左）向き（第52条）

1 横隊の右向き ＜横隊から側面縦隊となる＞

① 「右向けー右」の号令

② 右向きをした後、偶数員は手のひらをももに付けたまま、右足から斜め右へ1歩踏み出す（両翼分隊長は、その位置で、右向きをするのみ）。

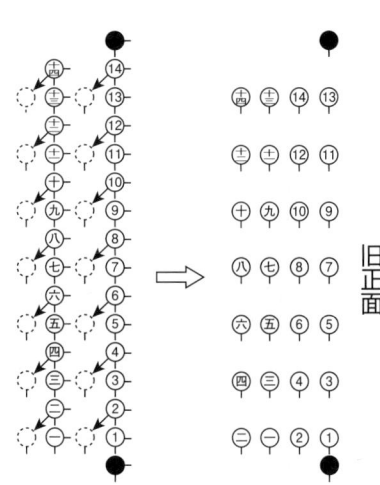

＊数字は横隊時の番号

③ 側面縦隊となる。

＊隊員は指揮者の命令がない限りそのまま動かない。

ワンポイント・レッスン

＜横隊から、そのまま右向きをさせる（ごを組まない）＞とき、＜側面縦隊から、そのまま左向きをさせる（ごを解かない）＞ときは、号令に「そのまま」を付加する。

号令：「そのまま、右（左）向けー右（左）」

第2章　小隊訓練

2 側面縦隊の左向き

側面縦隊で左向けをすると、元の横隊に戻る。

① 側面縦隊で「**左向け－左**」の号令により全員左向きをする。

② 次の動作で、偶数員は手のひらをももに付けたまま、左足から1歩斜め左前に出る。

③ 列員は、速やかに自発的に整頓する。

3 縦隊の右向き

縦隊から「**右向け**」をし、4列横隊となる。

① 縦隊のまま、「**右向けー右**」の号令。

② 全員右向きをする。
　列員は右に向くと同時に、手を腰に上げず、左に速やかに自発的に整頓をする。
　旧正面の基準列員は、頭を右に回し、整頓完了後、頭を正面に復す。

第2章 小隊訓練

§10 横隊の後ろ向き（第53条）

① 「まわれー右」の号令で、部隊全員が後ろ向きをする。

② 次の動作で、両翼分隊長及び欠ごは前列につく。

＊前列につく場合は、2歩で進む。

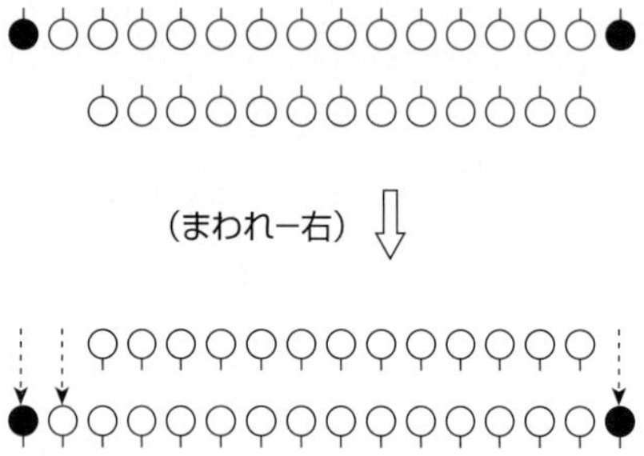

もう一度、「まわれー右」をすれば、元の横隊に戻る。

（まわれー右）

「側面縦隊の後ろ向き」「縦隊の後ろ向き」は、部隊全員が、そのまま後ろ向きをする。

▲縦隊の後ろ向き 　　　　▲側面縦隊の後ろ向き

§11 横隊の方向変換（第61条）

① 「右に向きを変え―進め」の号令。
（この横隊が90度右に向きを変える）

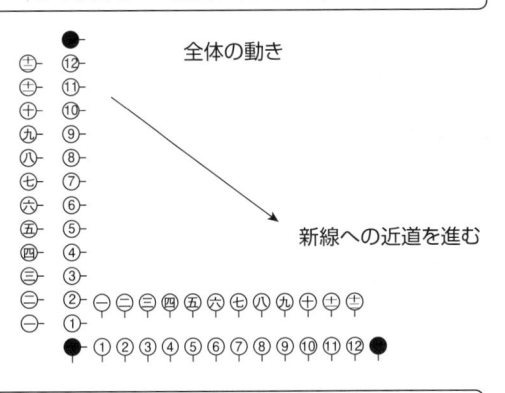

全体の動き

新線への近道を進む

② 号令により、軸翼にある分隊長は右向きをし、自発的整頓の準備をする。
その他の隊員は、半ば右向きをした後、斜行進の要領で新線への近道を進む。ただし、後列1、2番員は、自己の進む方向に小角度の左向きをして、進む。

新線への近道を進む

③ 新線の半歩手前で停止し、すり足で新線につき、自発的に整頓を行う。

＊速やかに新線につかせる必要があるときは、「右（左）に向きを変え―かけ足―進め」の号令により、軸翼分隊長を除く他員は、予令で手を腰に当て、動令で半ば右（左）向きをして左（右）足を引き付け、かけ足で新線につく。

④ 整頓後、速やかに頭を正面に復する。

ワンポイント・レッスン　行進中の方向変換の要領
隊員は予令で両手を腰に上げ、動令でかけ足に移り、新線から一歩前進して速足となり、右列員に整頓し、行進を続ける。

第2章 小隊訓練

Firefighting §12 側面縦隊の方向変換（第62条）

① 「くみぐみ左（右）へー進め」の号令で、行進中においては、先頭ごは小さな環形を歩み、旋回軸にある列員は、最初の数歩をちぢめ、外翼にある列員は、正規の歩幅で行進し、常に旋回軸の方に整頓しつつ左（右）に向きを変えて行進する。この際各ごは、前のごと同じ所に至って同じ方法で向きを変える。

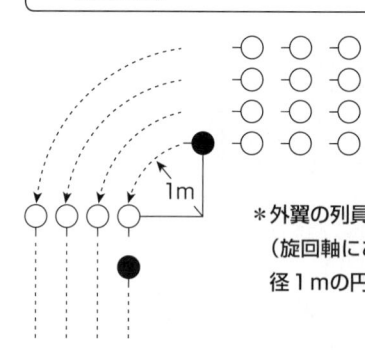

＊外翼の列員は正規の歩幅で行進し、それ以外の列員は歩幅を調節しながら行進する（旋回軸にある列員は、小環形を歩むとき最初の数歩（7歩程度）歩調を縮め、半径1mの円周上を行進するくらいが適当）。

② ごがそろって旋回できるように、旋回軸にある列員は、歩幅を調整する。

③ 指揮者の「止まれ」の号令で、停止する。

＊停止間においては、部隊の深さだけ前進して停止するが、指揮者は後尾分隊長が回りきったとき、「止まれ」の号令で指示する。

> **ワンポイント・レッスン 半ば右（左）への方向変換要領**（第63条）
> 側面縦隊及び縦隊を半ば右（左）へ方向変換させるには、「くみぐみ半ば右（左）へー進め」の号令をかける。
> ただし、45度以外の方向変換は、目標を示したのち、この号令をかける。

§13 側面縦隊の横隊変換 (第64条)

側面縦隊から同じ方向に横隊を作るには、「側面縦隊の左向き」(p.31) と「横隊の方向変換」(p.34) の規定に準じて行う。

① 「左（右）へ並び―進め」の号令で、先頭分隊長はそのまま動かず、頭を左にむける。
列員は半ば左向きをする。

新線への近道を進む

② 次の動作で、列員はごを解きながら、新線への近道を進む。
列員は新線に着いて、右手を腰にあて、きょう導に整頓する。

③ 整頓を終えて頭を正面に復する。
新隊形（横隊）となる。

ワンポイント・レッスン　行進中に行う場合

行進中に行う場合は、分隊長はそのまま行進し、列員は前記要領で横隊となり行進を続ける。この隊形変換は、背面では動作が容易に行われないので、特別必要があるとき以外は行わない。実施した場合は、新線に至るまでは旧先頭分隊長がきょう導であるが、新線になった後は、きょう導が右になり、指揮者は方向変換が終わろうとするときに「きょう導、右」を示す。

§14 解散 （第66条）

> 「**別れ**」の号令により、隊員は、指揮者に対し、挙手注目の敬礼を行い、指揮者は答礼を行う。

* 多数が集合しているときは、指揮者の合図により、そのままの姿勢で受礼者に注目することなく一斉に行い、斉一を期することが必要である。

第3章 中隊訓練

- §1 中隊の編成
- §2 中隊の隊形
- §3 中隊横隊の整頓の的確

第3章　中隊訓練

§1　中隊の編成（第67条）

中隊は３小隊をもって編成する。全員を一列横隊に集合させて編成するときは、次の要領で行う。

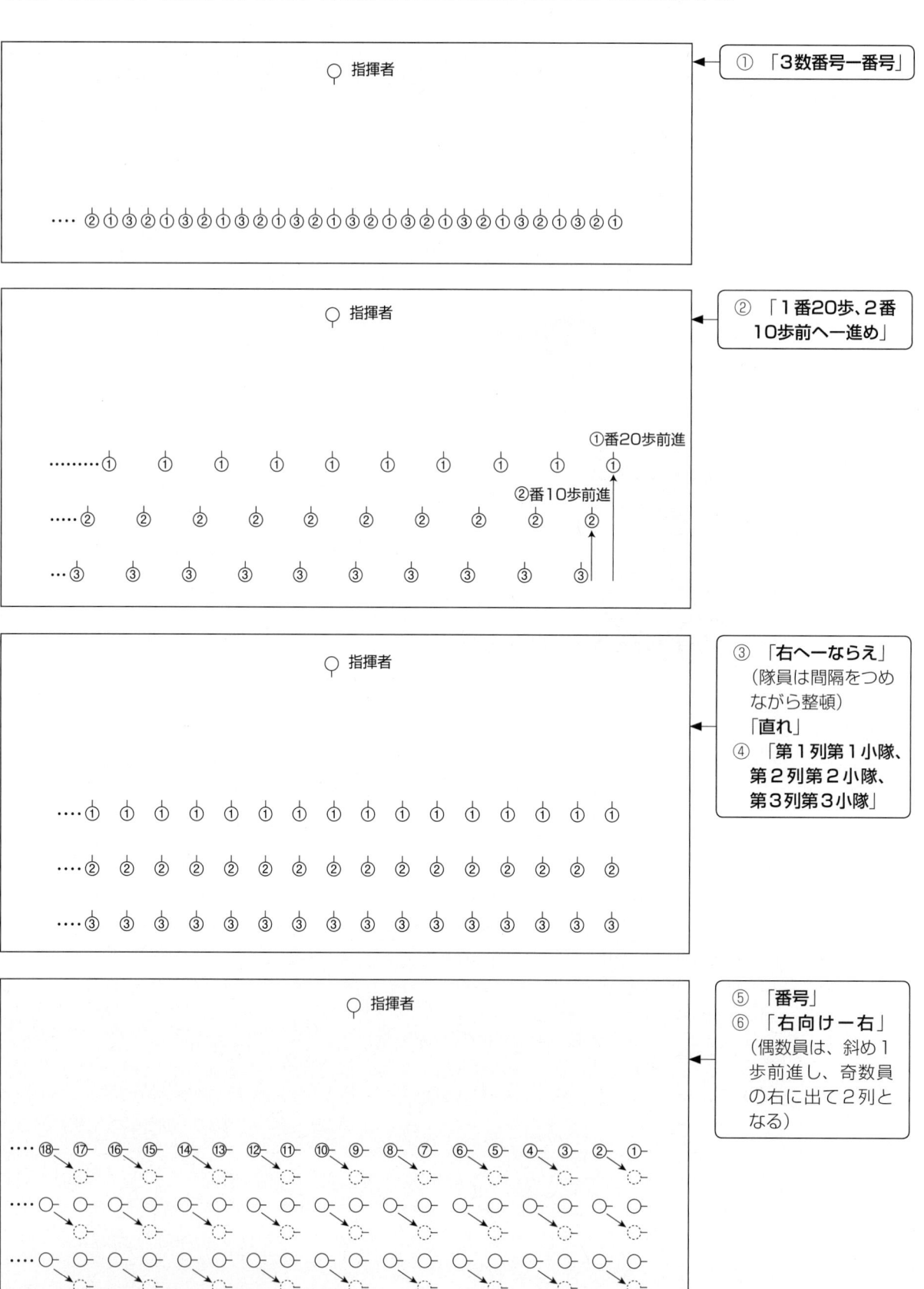

① 「３数番号―番号」

② 「１番20歩、２番10歩前へ―進め」

③ 「右へ―ならえ」
（隊員は間隔をつめながら整頓）
「直れ」
④ 「第１列第１小隊、第２列第２小隊、第３列第３小隊」

⑤ 「番号」
⑥ 「右向け―右」
（偶数員は、斜め１歩前進し、奇数員の右に出て２列となる）

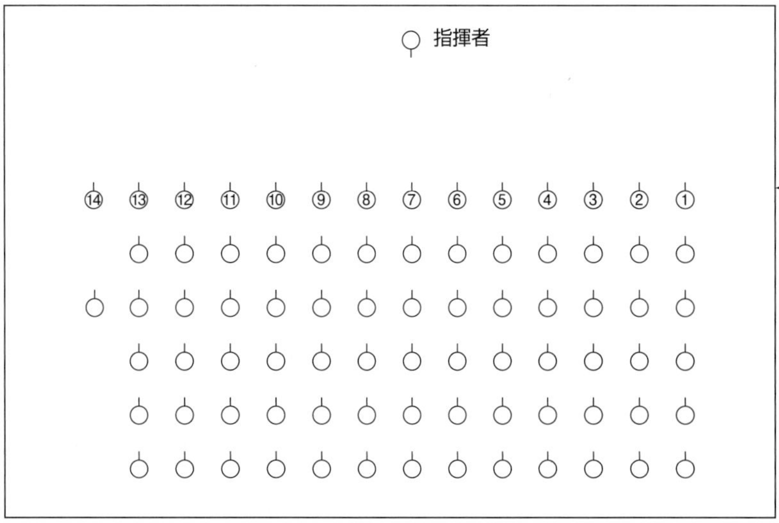

§1　中隊の編成

○指揮者

⑭ ⑬ ⑫ ⑪ ⑩ ⑨ ⑧ ⑦ ⑥ ⑤ ④ ③ ② ①

⑦「そのまま左向け一左」
⑧「右へーならえ」
　「直れ」
⑨「番号」
⑩「○番まで第1分隊、○番まで第2分隊、左翼第3分隊」
⑪「第1小隊小隊長誰々、第1分隊長誰々、第2分隊長誰々、第3分隊長誰々」
（第2小隊、第3小隊も同じ要領で、小隊長、分隊長を決める）。

＊中隊長が各小隊長を定め、小隊長が同要領で自隊の各分隊長を定める方法もある。

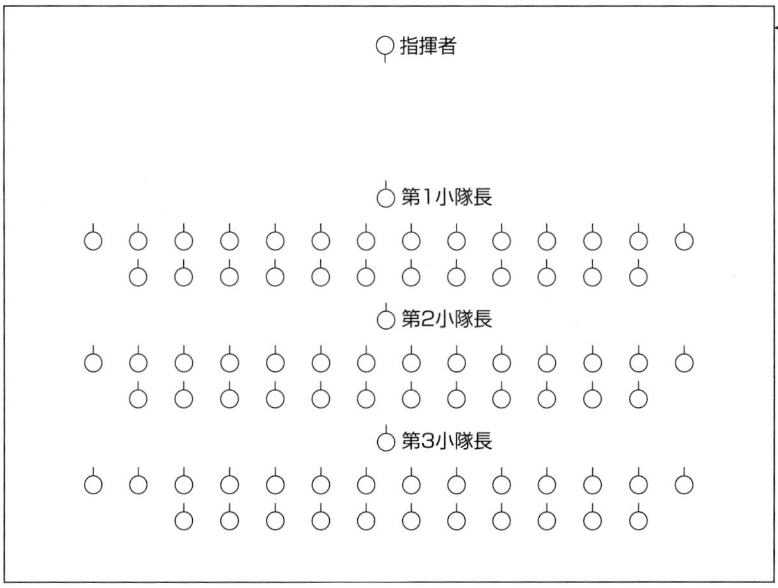

○指揮者

○第1小隊長

○第2小隊長

○第3小隊長

⑫「位置につけ」

ワンポイント・レッスン
隊員を最初に3列で集合させたときは、「第1列20歩、第2列10歩前へー進め」の号令により、各列間の距離をとり、上記の要領により編成を行う。

第3章　中隊訓練

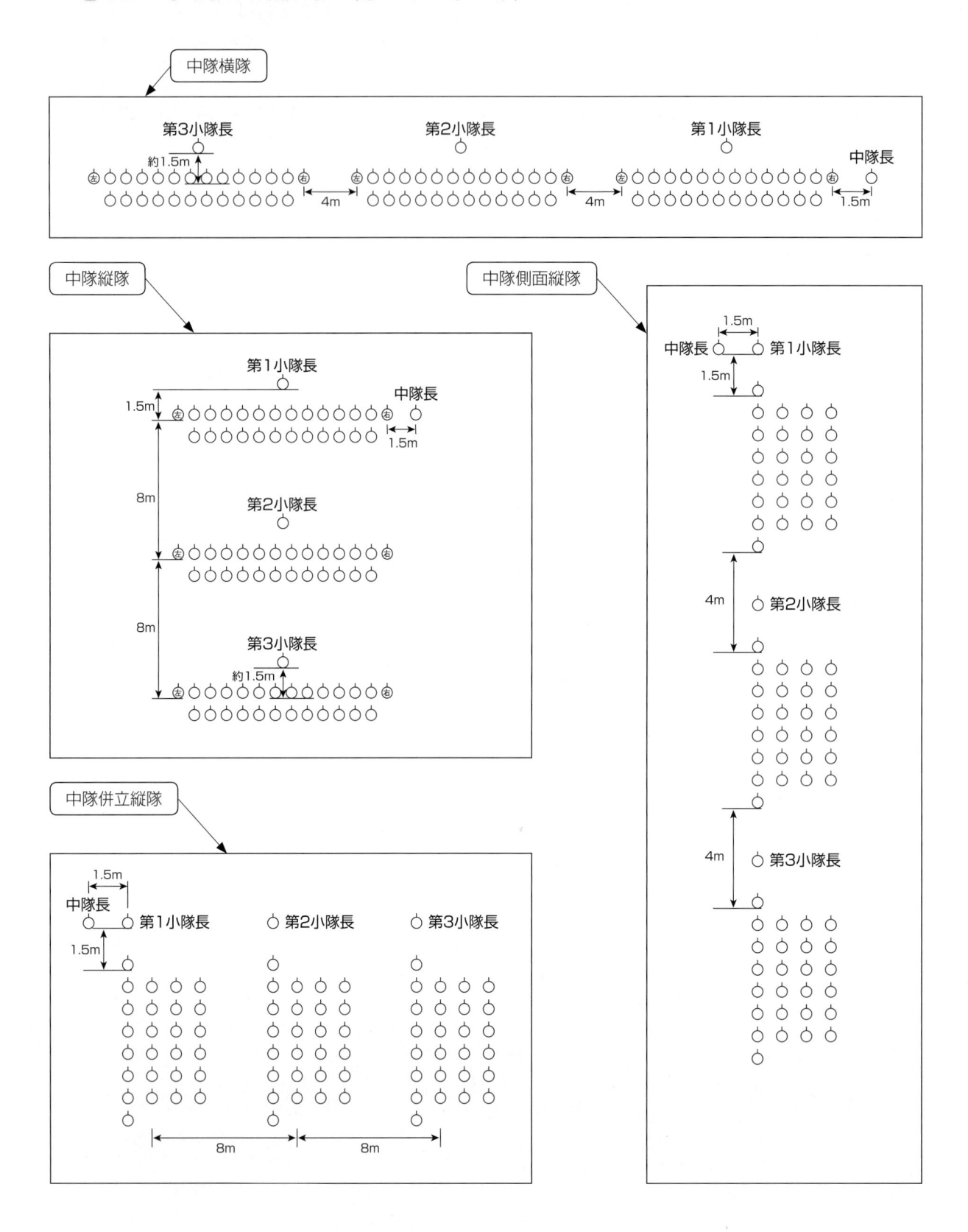

Firefighting §2 中隊の隊形 （第68条－第73条）

中隊横隊

| 第3小隊長 | 第2小隊長 | 第1小隊長 | 中隊長 |

約1.5m　　　　4m　　　　4m　　　　1.5m

中隊縦隊

第1小隊長　中隊長
1.5m　　　1.5m
第2小隊長
8m
第3小隊長
8m
約1.5m

中隊側面縦隊

中隊長　第1小隊長
1.5m
1.5m
4m　第2小隊長
4m　第3小隊長

中隊併立縦隊

1.5m
中隊長　第1小隊長　第2小隊長　第3小隊長
1.5m
8m　　8m

42

§2 中隊の隊形

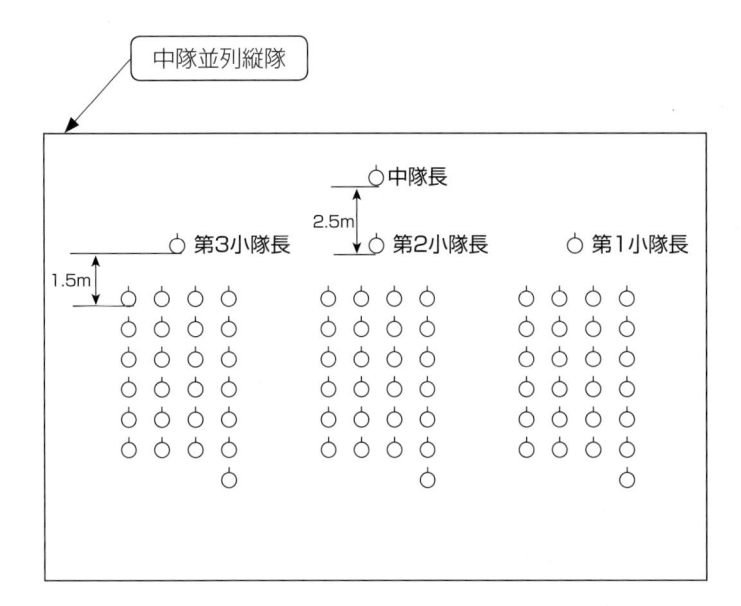

中隊並列縦隊

中隊直列縦隊

＊距離及び間隔は、必要により適宜伸縮することができるが、短縮する場合は、各小隊間の動作に支障を与えない最小限度に止める。

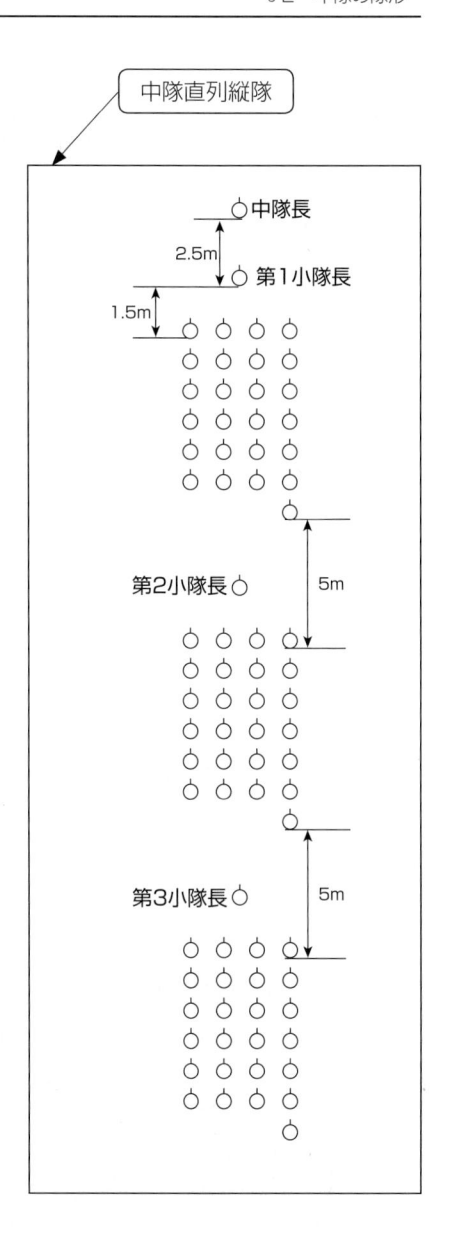

第3章 中隊訓練

Firefighting §3 中隊横隊の整頓の的確 (第51条)

中隊横隊の整頓は、各小隊長は指揮者の号令により、右翼分隊長の右1.5mの位置についた状態で、中隊いっせいに行う。

① 「きょう導3歩前へー進め」の号令で、各小隊の両翼きょう導はいっせいに3歩前進。

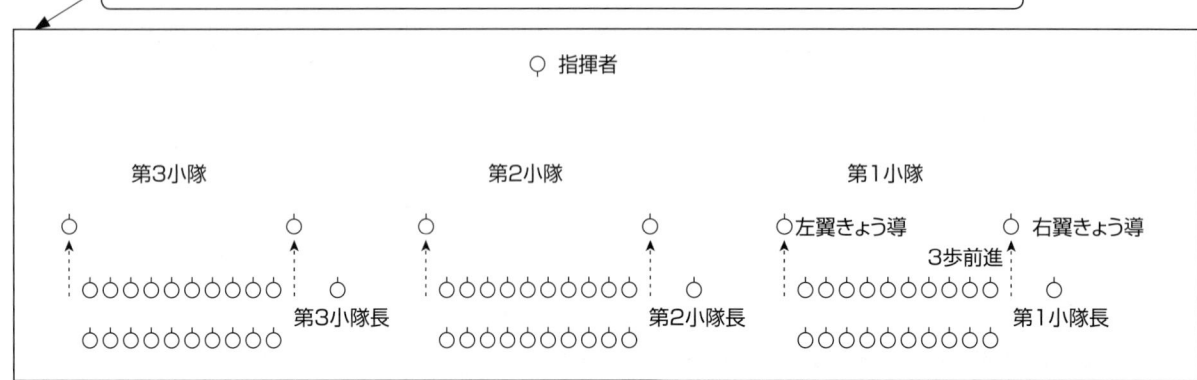

○ 指揮者

第3小隊　　　　　　第2小隊　　　　　　第1小隊
　　　　　　　　　　　　　　　　　　　　　　　○左翼きょう導　　○右翼きょう導
　　　　　　　　　　　　　　　　　　　　　　　　　　　3歩前進
　第3小隊長　　　　　第2小隊長　　　　　第1小隊長

② 指揮者はかけ足で、右翼小隊の右翼分隊長の前方おおむね6mの位置で、その位置、姿勢を正した後、その右翼分隊長の側方（各小隊きょう導を見わたせる位置）から各きょう導の位置等を正す。
－指揮者、定位置に戻る－

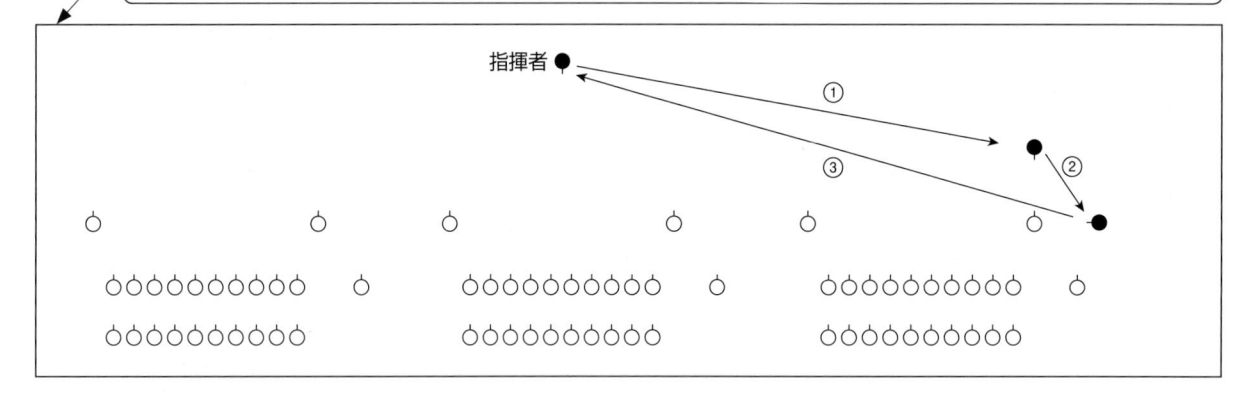

指揮者●
　　　　　①
　　　　　　　　　●②
　　　　　③　　　　●

③ 「右へーならえ」（列員及び小隊長、3歩前進し、整頓）
④ 「直れ」

○ 指揮者

⑤ 中隊の整頓状況を検査する。必要に応じて、右翼小隊の側方、かかとの前線が見える位置に移動して、各小隊の整頓を正す。（指揮者、定位置に戻る）

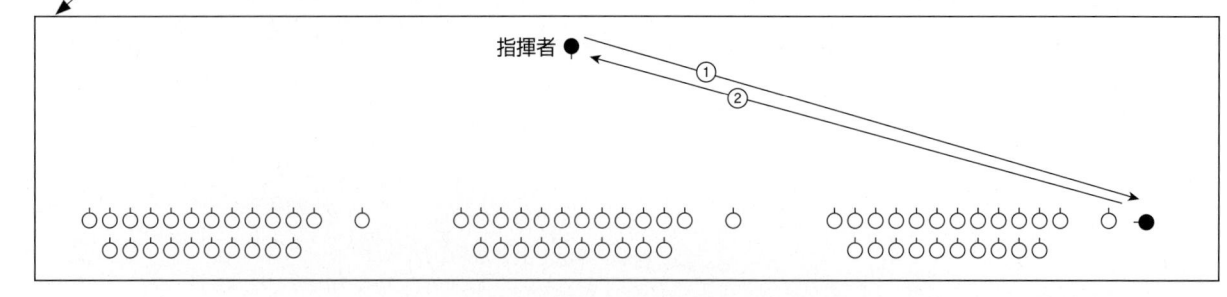

指揮者●←――――――①
　　　　　　　　　　②
　　　　　　　　　　　　　　　　　　　●

第4章 礼式

- §1 敬礼の種類
- §2 敬礼動作
- §3 辞令等の受領・提出
- §4 表彰式等における特例
- §5 旗の敬礼
- §6 分列行進

§1 敬礼の種類（第140条・第141条）

敬礼は、「各個の敬礼」「部隊の敬礼」「旗の敬礼」である。
敬礼は、受礼者等を明らかに「認め得る距離」、おおむね5mにおいて相手に注目して行い、答礼または「直れ」の号令の終わるのを待つて元に復す（答礼ができない場合は適宜）。

敬礼の種類・方式と用いる場面

種類	方式		用いる場面	
			着帽	脱帽
各個の敬礼	最敬礼		隊員の棺等に対しては、脱帽してから行う。	隊員の棺又は遺骨に対して行う。
	挙手注目の敬礼		①国旗又は隊旗が掲揚、降納される場合 ②歩行中の場合 ③室外で辞令、命令等の受領・提出・申告の場合 ④解散時 ⑤その他、室外で必要とするとき	
	姿勢を正す敬礼		①国歌吹奏のとき ②船艇又は車内で着席しているときに上司に対して敬礼をする場合 ③皇族に対する場合等	①国歌吹奏のとき ②国旗等が掲揚、降納される場合 ③室内において上司に応答するとき
	15度の敬礼			①室内で辞令等の受領・提出の場合等 ②脱帽している場合で上記以外
部隊の敬礼	最敬礼	指揮者の号令により行う	隊員の棺等に対して行う。 号令要領「脱帽」→「最敬礼」→「直れ」→「着帽」	隊員の棺等に対して行う。
	注目の敬礼		国旗又は隊旗が掲揚、降納される場合 号令要領「○○旗に－注目」	
	かしら中（右、左）の敬礼		①観閲、儀式、分列行進のとき ②通常点検時 ③その他、室外で必要なとき	
	姿勢を正す敬礼		①国歌吹奏のとき ②船艇又は車内で着席しているとき ③その他、室外で必要なとき	国歌、国旗に対して行う。
	指揮者のみの敬礼		行進中は、挙手注目の敬礼	部隊が脱帽している場合は、15度の敬礼
	指揮じょうの敬礼		奏楽を行いながら行進する音楽隊の指揮者が適宜な動作で行う。	
旗の敬礼			指揮者の号令により、旗手が旗竿の下端を右ももまたは旗竿止めバンドにあてたまま、右腕を十分に伸ばし、旗竿を傾斜させて行う。	

§2 敬礼動作（第143条）

1 挙手注目の敬礼

- 受礼者に向かって姿勢を正し、注目する。
- 手のひらを少し外に向ける。
- 手首は曲げない。
- 肘はほぼ肩の高さ。

＊左手は「基本の姿勢」と同様とする。

- 人差し指と中指とを帽子のひさしの右端に当てる。
- 親指は人差し指につける。

女性（かばん携帯）の場合

前ひさしのない帽子の場合は、人差し指の先端を前額部右端からおおむね2cm離した位置とする。

2 最敬礼

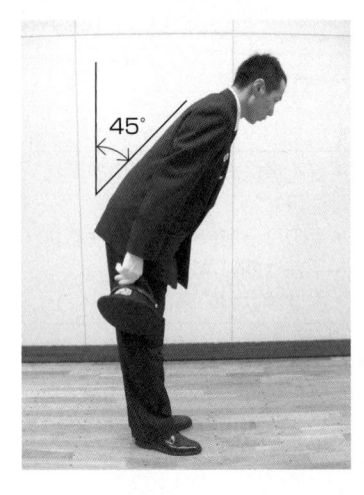

- 受礼者に向かって姿勢を正し、注目した後、上体を45度傾けて行う。
- 帽子は、前ひさしを親指を内側にし中指と人差し指でつまみ、内側が前方から見えないように垂直に下げる。
- 45度に傾けた後、おおむね一呼吸おいて元に復する。
- 部隊又は多数で行うときは、指揮者の号令により、受礼者に注目することなく行う。

＊敬けんな態度をもって室内外の区別なく行う敬礼の一方法である。

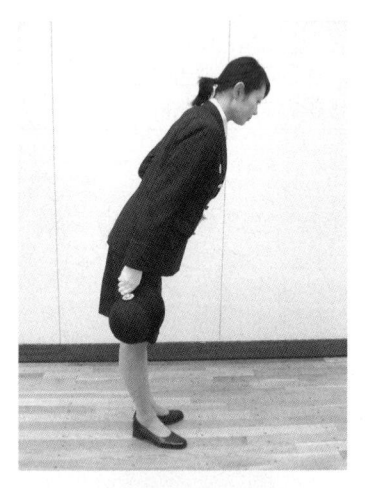

3 15度の敬礼

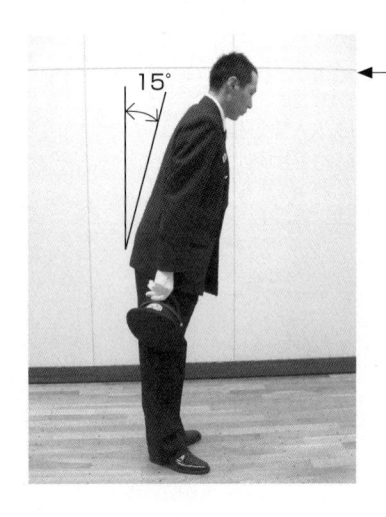

上体をおおむね15度に傾けて行うほかは、最敬礼の場合と同じ。

4 かしら中（右、左）、注目の敬礼

- 指揮者は「**かしら－中（右、左）（○○に注目）**」の号令を下した直後、受礼者、国旗等に上体を向けながら挙手注目の敬礼を行う（受礼者、国旗等が移動する場合は、順次上体をまわして行うが、頭を向ける角度は45度を限度とする）。
- 隊員は頭のみを動かし、受礼者、国旗等に注目する（受礼者、国旗等が移動する場合は、目迎目送する）。

5 姿勢を正す敬礼

この敬礼は、実質的には、基本の姿勢をとることによって、敬礼に代えるものである。

この敬礼は、実質的には、基本の姿勢をとることによって、敬礼に代えるものである。

第4章 礼式

§3 辞令等の受領・提出 (第148条・第149条)

1 室内

① 受領の場合

① 授与者からおおむね2mの位置で15度の敬礼を行う。

② 敬礼後、直ちに左足から受領しやすい位置（授与者からおおむね1m）に前進する。

③ 授与者が賞状等を授与しようとする瞬間、右手の帽子を左脇にはさむ。

④ 右手で受け、同時に左手を添えて受領する。
⑤ 腹部の位置で確認する。

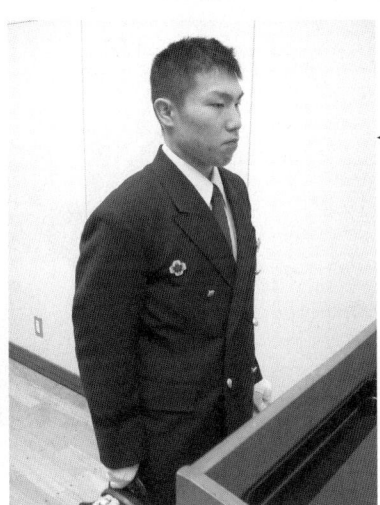

⑥ 辞令を左手に納め、右手で帽子のひさしをつまみ、辞令（大判の辞令は2つ折にする）、帽子は垂直におろす。

⑦ 右足から後退し、元の位置で15度の敬礼を行った後、退去する。

第4章　礼式

② 提出の場合

① 提出者は、書類等を左手にもち、上司からおおむね2mの位置で、15度の敬礼を行う。

② 敬礼後、直ちに上司の前方おおむね1mの位置に前進する。
③ 帽子を左脇に挟み、腹部の位置で書類等を確認する。

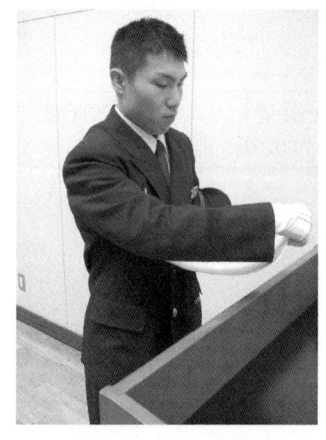

④ 書類の向きを変える。
⑤ 書類は右手で提出する。

⑥ 帽子を右手に戻し、自然にたれる。
⑦ 右足から元の位置まで後退し、15度の敬礼を行った後、退去する（提出した書類が、その場で返還されるときは、敬礼位置で返還を待つ）。

2 室外

① 受領の場合

① 受領者は、授与者からおおむね5mの位置にかけ足で進み、挙手注目の敬礼を行う。

② 受領者は、授与者の前方おおむね1mの位置まで前進する。
③ 受領者は着帽のまま、辞令を両手で受領する。

④ 受領者は、辞令を腹部の位置で確認する。
⑤ 受領者は、辞令を左手に納め（大判のものは二つ折りで持ち、左腕を垂直に下げる）、基本の姿勢をとる。

⑥ そのまま後退し、元の位置（おおむね5m離れた位置）で、挙手注目の敬礼を行った後、退去する。

② 提出の場合

① 提出者は着帽のまま書類を左手に下げ、上司からおおむね5mの位置にかけ足で進み、挙手注目の敬礼を行う。

② 提出しやすい位置（上司よりおおむね1mの位置）まで前進し、基本の姿勢をとる。

③ 辞令を腹部の位置で確認する。

④ 提出者は書類の向きを変える。
⑤ 書類を両手で提出する。

⑥ そのまま後退し、元の位置に戻り（おおむね5m離れた位置）、挙手注目の敬礼を行った後、退去する（提出した書類が、その場で返還されるときは、敬礼位置で返還を待つ）。

Firefighting §4 表彰式等における特例 （第190条）

1 複数の受賞者が各個に受領する場合

① 室内

> ① 受賞者の中央が授与者の正面に、かつ授与者からおおむね2mの位置になるよう整列する（帽子は右手に持ち下げている）。
> ② 右翼の者が指揮して、「**敬礼**」の号令をかけ、一斉に15度の敬礼を行う。

> ③ 「**直れ**」の号令で、元に復した後、右翼の者から順に、授与者の前おおむね1mの位置に最短距離を進み、賞状等を受領（帽子は左脇に挟んで受領する。p.50の③参照）する。受領後、度の大きい右（左）向き又は後退して元の位置に戻る。

> ④ 全員が賞状等を受領し、元に復したところで、再度、指揮者の「**敬礼**」の号令で、一斉に15度の敬礼を行う。

> ⑤ 「**直れ**」の号令で直った後、右（左）向きの要領で退去する。

第4章 礼式

② 室外の場合

① 受賞者は着帽したまま駆け足で、受賞者の中央が授与者の正面、かつ、おおむね5mの位置になるよう整列する。
② 指揮者（右翼の者）の「**敬礼**」の号令で、一斉に挙手注目の敬礼を行う。敬礼の際、指揮者のみ上体を授与者に向ける。

③ 「**直れ**」の号令で元に復した後、受賞者は右翼から順に、一人ずつ授与者の前方おおむね1mの位置に最短距離を進み、賞状等を両手で受領する。

④ 受賞者は、賞状等を受領した後、度の大きい右（左）向き又は後ろ向きをして、元の位置に戻る。

⑤ 全員が賞状等を受領し、元の位置に戻ったところで、指揮者の「**敬礼**」の号令で、再度一斉に挙手注目の敬礼を行う。

⑥ 「**直れ**」の号令で元に復した後、全員、右（左）向きの要領で、かけ足で退去する。

2 代表者受領の場合（多数の受賞者）

① 室内

① 受賞者（脱帽）は、受賞者の中央が授与者の正面、かつ、おおむね2mの位置に整列し、代表者は右翼に位置して指揮をとり、「**敬礼**」の号令で、一斉に15度の敬礼を行う。

② 「**直れ**」の号令で元に復した後、代表者は授与者の前おおむね1mの位置に最短距離を進み、賞状等を受領する（帽子を左脇に挟み、右手で受け、同時に左手を添える。p.50、51参照）。

③ 代表者は、賞状等を受領した後、度の大きい右向きをし、元の位置に戻る。

④ 代表者が元の位置に戻り、「**敬礼**」の号令で、一斉に15度の敬礼を行う。

⑤ 「**直れ**」の号令で直った後、右（左）向きの要領で退去する。

第4章　礼式

② 室外

① 受賞者は着帽したままかけ足で、受賞者の中央が授与者の正面、かつ、おおむね5mの位置になるよう整列する。
② 代表者は右翼に位置し、指揮をとり、「**かしらー中**」の号令で、一斉にかしら中の敬礼を行う。
代表者のみ、上体を授与者に向け、挙手注目の敬礼を行う。

③ 「**直れ**」の号令で元に復した後、代表者は、授与者の前おおむね1mの位置に最短距離を進み、賞状等を受領する（p.51参照）。

④ 代表者は、賞状等を受領した後、度の大きい右向きをして元の位置に戻る。

⑤ 代表者は元の位置で、再び「**かしらー中**」の号令をかけ、一斉にかしら中の敬礼を行う（代表者のみ、挙手注目の敬礼）。

⑥ 「**直れ**」の号令で元に復した後、全員右（左）向けの要領でかけ足で退去する。

§5 旗の敬礼（第183条・第184条）

1 旗の持ち方

> 旗竿の下端を右もも又は旗竿止めバンドに当て、右手で、竿を肩の高さの箇所で握る。
> 肘を少し曲げて、旗竿の先端をわずかに前方に傾ける。

> 指揮者の号令により、旗手は旗竿の下端を右もも又は旗竿止めバンドに当てたまま、右腕を十分に伸ばして行う（他の旗と傾斜角度の斉一を図る）。
> （旗手自身は、敬礼を行わない。）

2 旗の敬礼

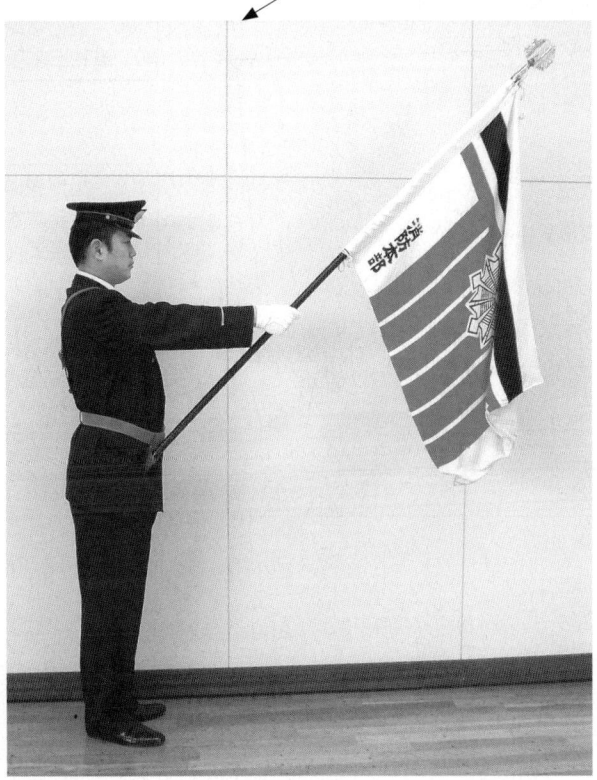

＊本条で規定する旗は、消防本部、署、団を表示する精神的表徴たるべきものをいい、表彰旗等を含まない。

第4章 礼式

§6 分列行進 （第197条・第198条）

1 分列行進

　分列行進は、指揮者を先頭に、徒歩部隊（大隊縦隊）、車両部隊（1列縦隊又は大隊縦隊）の順に進む。
　指揮者は、あらかじめ敬礼の始点、終点に標員を各1名配置し、必要に応じて、敬礼終点から中（小）隊の深さだけ離れた地点に補助標員1名を置く。

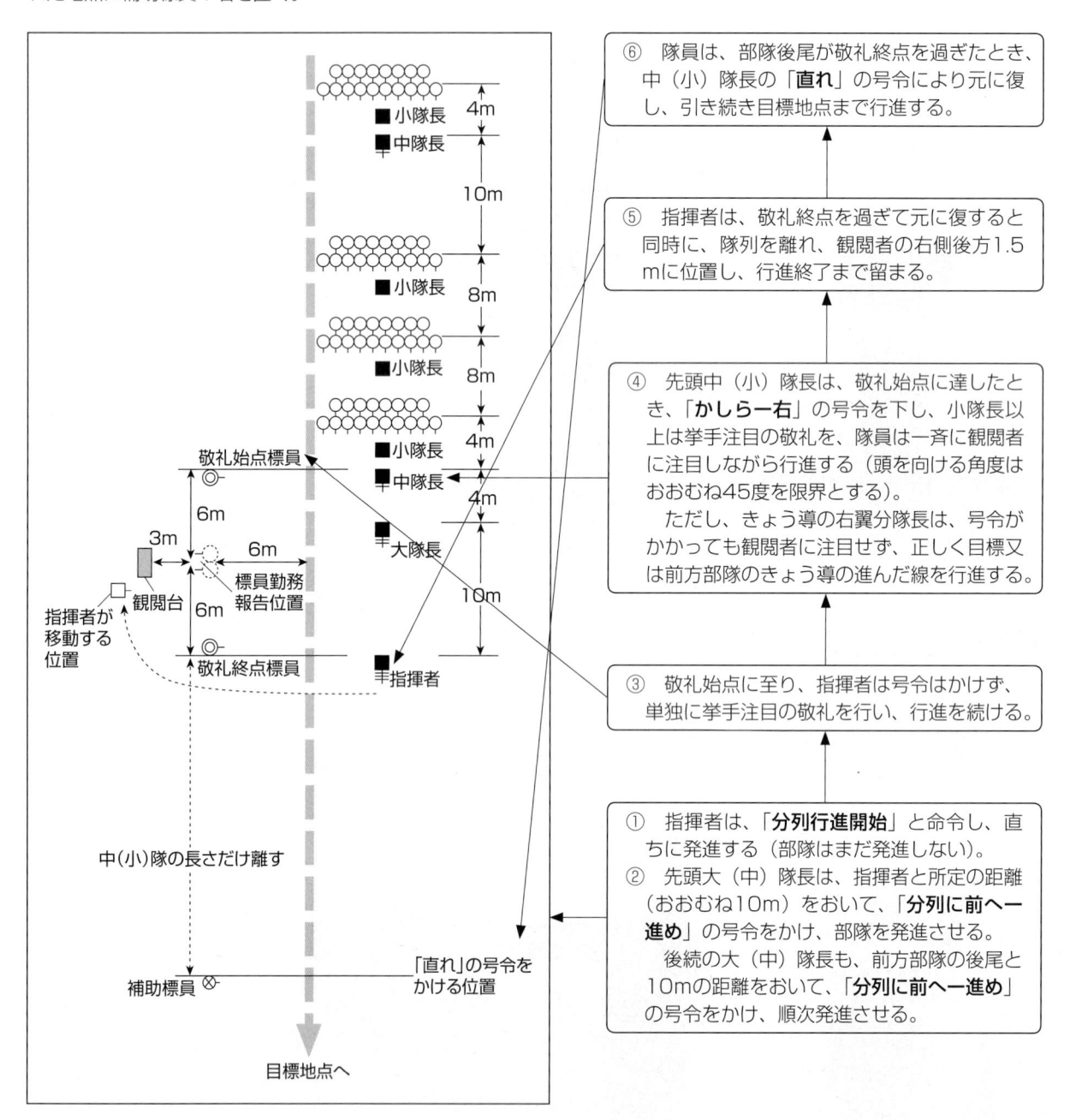

⑥　隊員は、部隊後尾が敬礼終点を過ぎたとき、中（小）隊長の「**直れ**」の号令により元に復し、引き続き目標地点まで行進する。

⑤　指揮者は、敬礼終点を過ぎて元に復すると同時に、隊列を離れ、観閲者の右側後方1.5mに位置し、行進終了まで留まる。

④　先頭中（小）隊長は、敬礼始点に達したとき、「**かしら―右**」の号令を下し、小隊長以上は挙手注目の敬礼を、隊員は一斉に観閲者に注目しながら行進する（頭を向ける角度はおおむね45度を限界とする）。
　　ただし、きょう導の右翼分隊長は、号令がかかっても観閲者に注目せず、正しく目標又は前方部隊のきょう導の進んだ線を行進する。

③　敬礼始点に至り、指揮者は号令はかけず、単独に挙手注目の敬礼を行い、行進を続ける。

①　指揮者は、「**分列行進開始**」と命令し、直ちに発進する（部隊はまだ発進しない）。
②　先頭大（中）隊長は、指揮者と所定の距離（おおむね10m）をおいて、「**分列に前へ―進め**」の号令をかけ、部隊を発進させる。
　　後続の大（中）隊長も、前方部隊の後尾と10mの距離をおいて、「**分列に前へ―進め**」の号令をかけ、順次発進させる。

2 標員勤務の方法

標員は2名1組とし、右翼についた者が代表者となり号令をかける。

① 主催者の指示（又は合図）により、駆け足で観閲者（台）の前（3m）で正対し、号令により挙手注目の敬礼（直れ）を行った後、「**ただいまから標員勤務につきます**」の報告をする。

② 次いで、「**左向けー左**」の号令で、各々左右に向きを変える。

＊この号令は、号令をかける隊員ではなく、もう一方の標員を対象とする。

③ 「**8歩前へー進め**」の号令で、おおむね6m前進。

④ 「**左向けー左**」の号令で部隊に面し、標員勤務を行う。

第4章 礼式

標員勤務の終了

⑤ 終了の場合は、主催者の指示（又は合図）により、「**左向けー左**」の号令で、各々左右に向きを変える。

⑥ 「**8歩前へー進め**」の号令で、おおむね6m前進。

⑦ 「**左向けー左**」の号令により、観閲者（台）に正対し、自発的整頓を行う。

⑧ 号令により挙手注目の敬礼（直れ）を行った後、「**標員勤務を終了しました**」の報告を行う。

⑨ 「**右向けー右**」「**かけ足ー進め**」の号令により、退場する。

62

第 5 章　通常点検

§1 小隊の通常点検
§2 中隊（縦隊）の通常点検
§3 中隊（横隊）の通常点検

第5章　通常点検

§1　小隊の通常点検（第214条）

1 点検者臨場

小隊は横隊で整頓し、整列休めの状態で、点検者の臨場を待つ。

① 指揮者は、点検者が臨場したとき（隊列の端に到達した）、「**気をつけ**」の号令。

② 点検者が定位についたとき、「**点検者にかしら―中**」の号令で部隊の敬礼を行う。（列外者は挙手注目の敬礼、他の隊員は注目の敬礼）
―点検者、答礼―
③ 「**直れ**」

2 人員等の報告

④ 指揮者は点検者の前方5mの位置に移動して正対し、挙手注目の敬礼を行った後、人員数、必要事項を報告。「**〇〇〇〇（指揮者の姓及び階級）、総員〇〇名、事故〇〇名、現在員〇〇名、事故の内容…**」「**通常点検を開始します**」
⑤ 報告後、点検者に敬礼し、点検者の左側1.5mの位置に至り、部隊に面する。

3 点検準備

⑥ 指揮者は、点検者の左側1.5mの位置で、「**番号**」の号令をかける。

指揮者は「横隊の整頓の的確」を行う

⑦ 「**きょう導3歩前へー進め**」
⑧ 右翼きょう導を矯正する。
⑨ 左翼きょう導を矯正する。
―指揮者、定位置に戻る―
⑩ 「**右へーならえ**」
―隊員、3歩前進し、整頓―
⑪ 「**直れ**」
必要に応じて整頓状況を検査する（正すときは右翼きょう導の側面に移動して行う。必要のないときは「**よし**」と呼称する）。

⑫ 「**前列4歩前へー進め**」
⑬ 指揮者はその場で向きを変え、点検者に「**点検準備完了しました**」の報告をする。

第5章　通常点検

4　人員、服装、姿勢の点検

点検者は、点検準備完了の報告を受けて発進し、下図のように移動して服装、姿勢等を点検する。指揮者は点検者の後方1.5mの位置を随行する。必要により前（後）列員を休ませる。

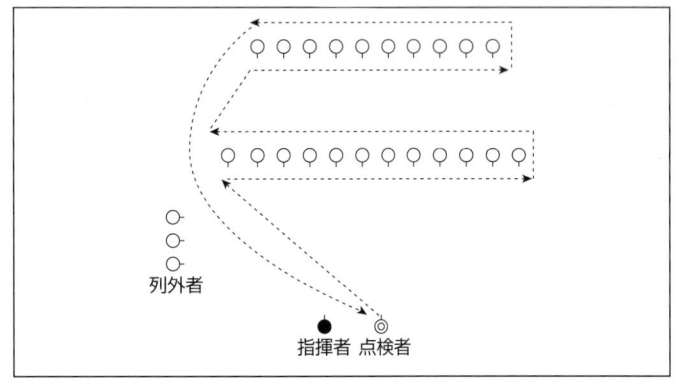

▲服装、姿勢の点検ルート

⑭　人員の都合により後列を休ませるときは、点検者が点検開始後、指揮者は後列1番員の斜め前方3mの位置に移動し部隊の後列に向き、「**後列、整列一休め**」の号令をかける（号令後、直ちに点検者の後方1.5mの位置に復する）。

⑮　点検者が前列の背面を点検しながら隊列中央に差しかかったとき、「**後列、気をつけ**」の号令をかける。

⑯ 後列点検開始と同時に、前列1番員の斜め前方3mの位置に移動し部隊に向き、「**前列、整列ー休め**」の号令（号令後、直ちに点検者の後方1.5mの位置に復し、随行する）。

⑰ 後列の点検後、指揮者は後列1番員の前方3mの位置で、「**後列、整列ー休め**」の号令。

⑱ 点検者、指揮者とも定位置に戻り、部隊に正対する。

5 手帳の点検

手帳点検は、人員、服装、姿勢の点検を終了し、点検者と指揮者が定位置につき部隊に正対した後に行う。整列休めの要領等は、「4　人員、服装、姿勢の点検」と同じである。

⑲ 指揮者は、「**気をつけ**」、「**手帳**」の順で、号令をかける。

67

第5章　通常点検

⑳　隊員は姿勢を正して、手帳の点検の準備を整える。
- 左手をポケットに添え、手帳を押し上げるようにして右手で取り出す。
- 左手を添えて表紙を開いて表扉を出す。
- 手帳を右手の手の平にのせ、親指で押さえる。
- 肘を脇につけ、前腕を水平に、体と直角に出す。
- 頭を正面に向け、左手を垂れて姿勢を正す。

㉑　指揮者は、その場で向きを変え、**「点検準備完了しました」**と報告。

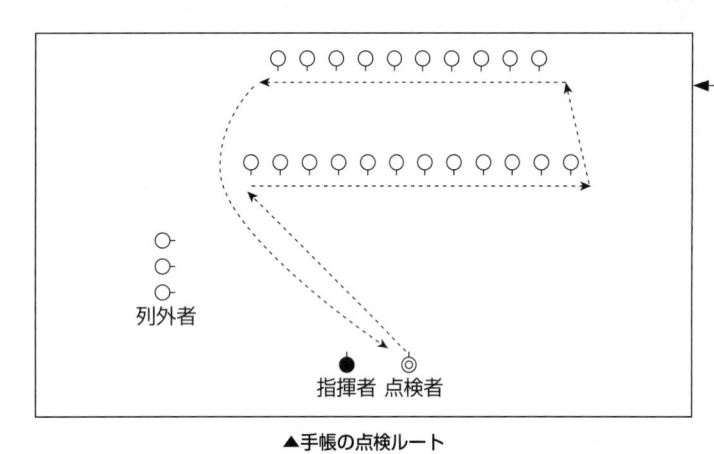

㉒　点検開始
（指揮者は点検者の1.5m後方を随行）

▲手帳の点検ルート

㉓　点検者が手帳を検査のため取り上げたときは、即座に右手を下ろして基本の姿勢をとる。返却時は、右手で受け取り、元の姿勢に戻る。

㉔ 指揮者は必要に応じて「**整列一休め**」の号令をかける。隊員は号令により、左手で、右手に持った手帳を支える要領で、体の前部に自然におく。

㉕ 「**おさめ**」の号令で、隊員は左手を添えて表紙を閉じ、左手をポケットに添えて右手でポケットにおさめる。頭を正面に復すると同時に、両手を垂れて基本の姿勢をとる。全員斉一を期する。

＊手帳の出し入れは、でき得る限り全員斉一を期すること。

6 点検終了〜観閲者退場

㉖ 「後列４歩、前へー進め」

㉗ 「まわれー右」

第5章 通常点検

㉘ 「7歩前へー進め」

㉙ 「まわれー右」
㉚ 指揮者、点検者に挙手注目の敬礼をした後、「**通常点検を終了します**」と報告。

㉛ 指揮者、隊列右側の定位置に移動し、点検者の講評、指示等がある場合は、点検者の指示を待って隊員を休憩させる。

㉜ 「**点検者にかしらー中**」（列外者は挙手注目の敬礼）
㉝ 「**直れ**」

§2 中隊（縦隊）の通常点検

1 集合・点検、人員掌握

小隊長の指揮に従い集合し、点検場所に移動した後、所定の位置で中隊縦隊となり、整列休めの姿勢をとる。指揮者の臨場を待つ。

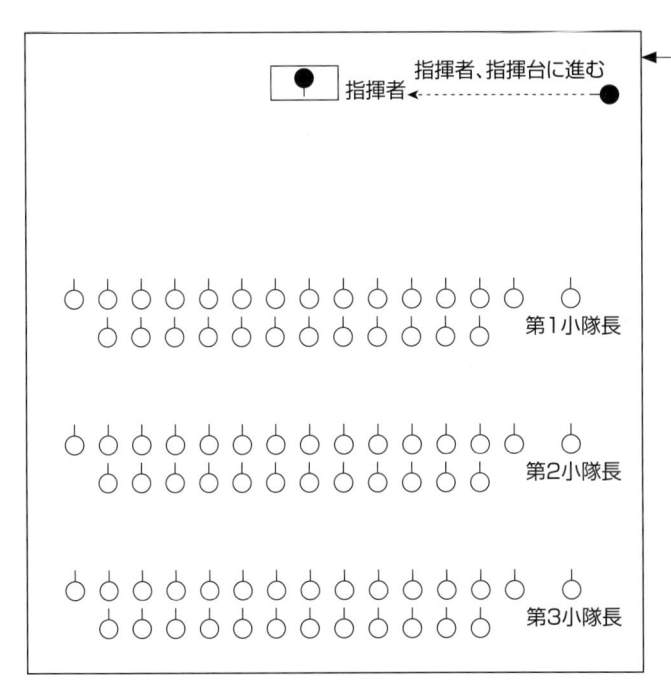

① 第1小隊長は指揮者が自己の視野に入ったとき、姿勢を正し「**気をつけ**」の号令を下す。
　＊第2小隊長、第3小隊長も即時、同様の行動をとる。
　・指揮者は、指揮台に進み、姿勢を正す。
② 指揮者が定位についたとき、第1小隊長は「**かしらー中**」の号令。
　・各小隊長は挙手注目の敬礼、他の隊員は注目の敬礼を行う（指揮者は答礼）。
③ 「**直れ**」の号令。（隊員は正面を向く）
④ 第1小隊長は、指揮者の方に向きを変え、挙手注目の敬礼（指揮者は答礼）。
⑤ 第1小隊長は、「**第1小隊、総員○○名、事故なし、現在員○○名…**」等の報告を行う。
⑥ 第1小隊長は、小隊に向き「**番号**」の号令。
　・第1小隊前列員は右翼から番号を呼称。
　・後列最左翼は「**満**」又は「**欠**」を呼称。
⑦ 第1小隊長は「**集合終わりました**」と報告し、挙手注目の敬礼（事故のある場合は「**事故者○名は××、ほか集合終わりました**」と報告する）。
⑧ 指揮者は第1小隊長に答礼し、「**休ませ**」と指示。
⑨ 第1小隊長は「**整列一休め**」の号令。
　＊第2、第3小隊長も、順次④～⑨の行動をとる。

2 服装等の事前点検

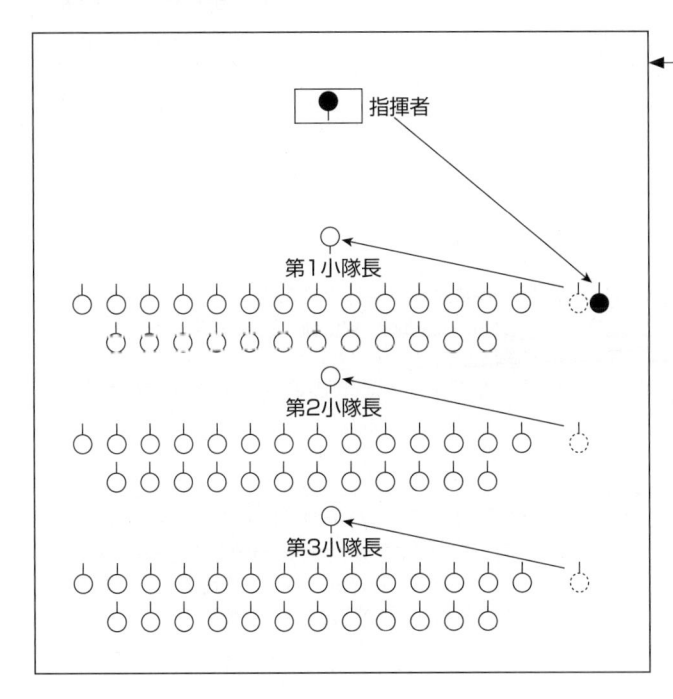

① 指揮者は「**気をつけ**」の号令をかけ、服装等の点検を指示した後、「**右へーならえ**」の号令をかける。
　・隊員は右手を上げて整頓し、小隊長はまず左に向きを変え、整頓を確認した後、正面に向きを変える。
② 指揮者の「**直れ**」の号令で、基本の姿勢をとる。
③ 指揮者は「**小隊長、定位置につけ**」の号令を発し、小隊長は号令により駆け足で定位置に正面を向いてつき、次にまわれ右をして位置確認をした後、更にまわれ右をして正面を向き、基本の姿勢をとる。
④ 指揮者は「**整列一休め**」の号令をかけ、指揮台を降りて指揮位置に至る。
＊全員、整列休めの状態で点検者の来場を待つ。

第5章　通常点検

3 点検開始

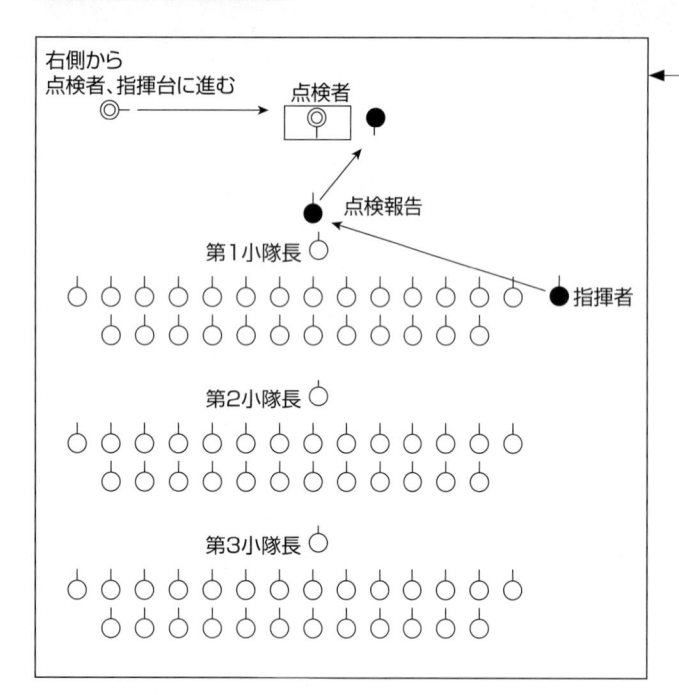

```
右側から
点検者、指揮台に進む    点検者
◎ ─────→           ▣◎  ●
                      ↕
                   点検報告
                      ●
第1小隊長 ○                      ●指揮者
○○○○○○○○○○○○
○○○○○○○○○○○○

第2小隊長 ○
○○○○○○○○○○○○
○○○○○○○○○○○○

第3小隊長 ○
○○○○○○○○○○○○
○○○○○○○○○○○○
```

① 指揮者は点検者が自己の視野に入ったとき、姿勢を正し「**気をつけ**」の号令を下す。
② 点検者は指揮台に上り、姿勢を正す。
③ 指揮者の「**かしら－中**」の号令により、部隊は挙手注目の敬礼を行う（点検者は部隊に答礼）。
④ 指揮者の「**直れ**」の号令。
⑤ 指揮者は、半ば左に向きを変え、駆け足で点検者の前方おおむね5mの位置で、挙手注目の敬礼をし、「**初任教育、総員○名、只今から通常点検を開始します**」の報告を行う。
⑥ 指揮者は、挙手注目の敬礼を行った後、半ば右に向きを変え、駆け足で点検者の右おおむね1.5mの位置に至り、点検者に整頓する。
⑦ 指揮者は「**番号**」と号令。
  • 各小隊長はまわれ右をし、小隊の人員を確認し、番号点呼後、まわれ右をし正面を向く（ただし、自己の小隊の番号に間違いがあれば、「**番号**」と号令する）。

4 点検隊形

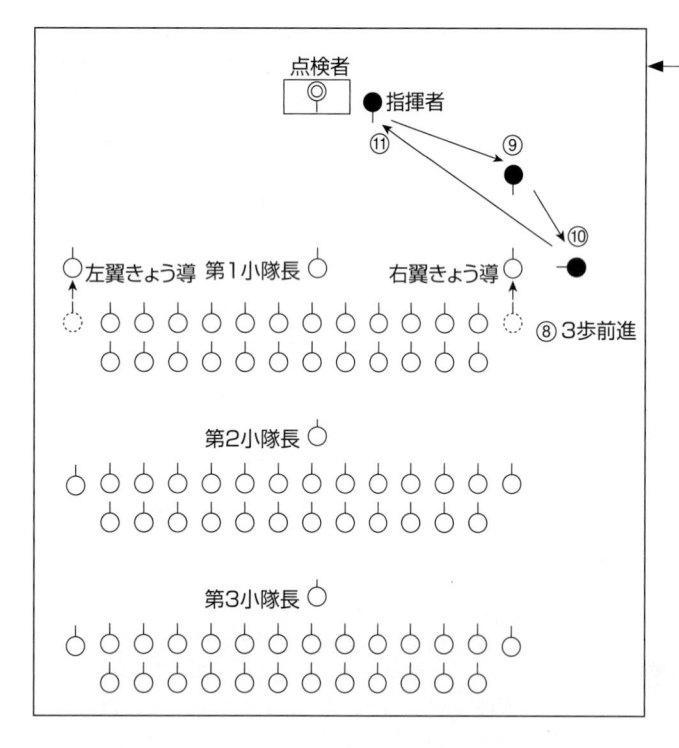

```
              点検者
             ▣◎  ●指揮者
              ⑪     ⑨
                ●
                  ↘
                    ⑩
                    ●
左翼きょう導 第1小隊長○  右翼きょう導
○ ○○○○○○○○○○○ ○   ⑧3歩前進
  ○○○○○○○○○○○

   第2小隊長○
○○○○○○○○○○○○
○○○○○○○○○○○○

   第3小隊長○
○○○○○○○○○○○○
○○○○○○○○○○○○
```

⑧ 指揮者は「**きょう導、3歩前へ－進め**」と号令。
  • 第1小隊のきょう導のみ進む。
⑨ 指揮者は、第1小隊右翼きょう導の前方おおむね6mの位置に進み、第1小隊右翼きょう導の姿勢を直す。
⑩ 指揮者は、第1小隊右翼きょう導の右側おおむね3mの位置に進み、第1小隊右翼きょう導を基準に、第1小隊左翼きょう導を修正する。
⑪ 指揮者は、元の位置に戻り、「**右へ－ならえ**」の号令をかける。号令により
  • 各小隊長は、3歩前進し、まわれ右をして整頓状況を見る。隊員は、2歩半前進し、右手を腰に上げて、すり足で整頓線に入り整頓する。
  • 右翼きょう導は頭を左に向け、左翼きょう導は頭を右に向け腰に手を当て、自己に近い隊員から整頓線に入れる。「**○番、前（後へ）**」「**よし**」と指示する。
  ＊ただし、第1小隊以外の各小隊は、3歩前進し、右手を腰に上げて整頓する。
⑫ 指揮者は、各小隊が動かなくなった状態を確認し、「**左翼きょう導、正規の間隔をとれ**」と指示。
  • 左翼きょう導は、右手を上げて正規の間隔をとる。
⑬ 指揮者は、「**直れ**」と号令。
  • 小隊長はまわれ右をして正面を向く。
⑭ 指揮者は、第1小隊の整頓状況を確認する。第1小隊右翼きょう導の右側おおむね3m、かかとの見える位置に進み「**前列よし**」（同様の位置に進み「**後列よし**」）と呼称。
  • 指揮者は、指揮位置に戻る。

§2 中隊（縦隊）の通常点検

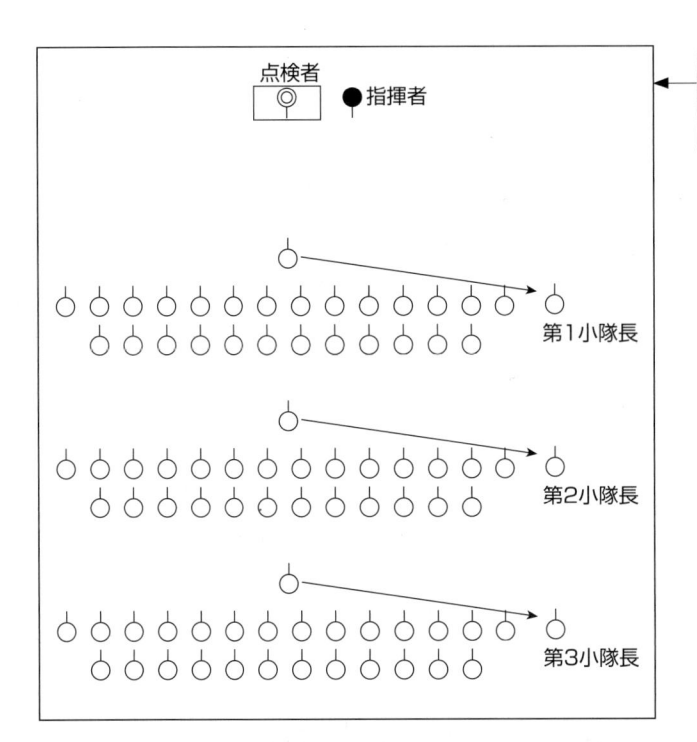

⑮ 指揮者は「**小隊長、右翼位置につけ**」と指示。
・小隊長は右に向きを変え、駆け足で右翼位置につき、正面を向き姿勢を正す。

⑯ 指揮者は「**前列、4歩前へ一進め**」と号令。
・小隊長は4歩前進。前列員は3歩半前進し、右手を腰に当ててすり足で前進し、自主整頓。
⑰ 各小隊の右翼きょう導は、整頓が終わったことを確認し「**よし**」と呼称する。
・指示により、隊員は右翼から手を下ろし、姿勢を正す。
⑱ 指揮者は、点検隊形が整ったことを確認し、点検者の方に向きを変え、「**点検準備完了しました**」と報告する。

第5章 通常点検

5 姿勢、態度、服装等の点検

指揮者は点検者の後方1.5mの位置を随行し、必要により小隊員を休ませる。

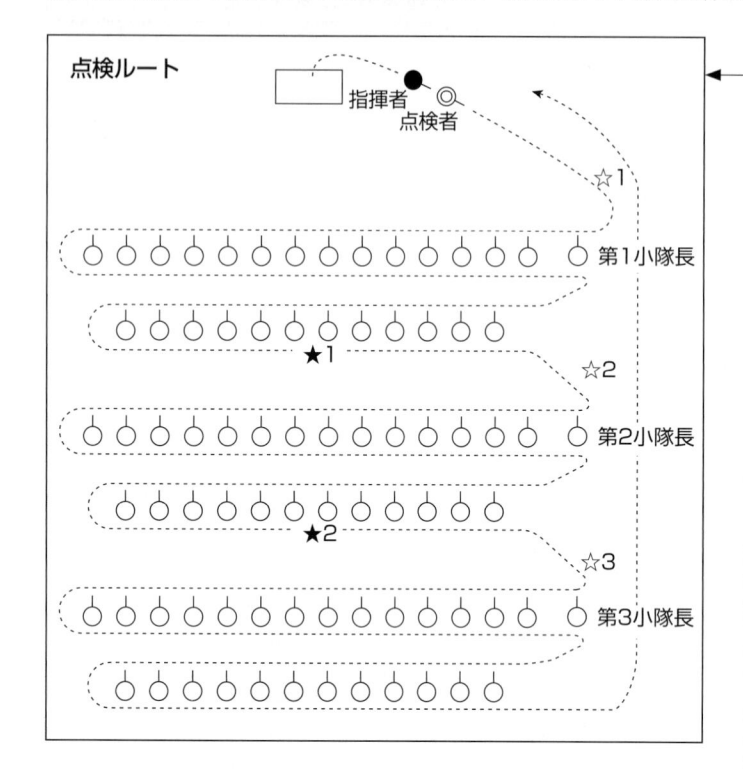

[点検ルート図：指揮者・点検者の位置、第1小隊長・第2小隊長・第3小隊長、☆1・☆2・☆3、★1・★2の地点を示す]

① 点検者は、まわれ右をして、指揮台を降り、点検を開始する。指揮者は、点検者のおおむね1.5m後を随行する。
・第1小隊の小隊長は、自己の姿勢、態度、服装等の点検を受けた後、最後尾を随行する。
② 指揮者は、点検者が第1小隊の点検を開始すると同時に、号令をかける位置に移動し（図の☆1印の地点）、「**第2小隊以下、整列一休め**」と号令し、点検者の後を随行する。
③ 指揮者は、点検者が後列員の後ろ側の点検に入ったのを確認したら、号令をかける位置に移動し（図の★1印の地点）、「**第2小隊、気をつけ**」の号令をかける。
④ 点検者が第1小隊を点検終了したと同時に、指揮者は号令をかける位置（図の☆1）に移動し、「**第1小隊、整列一休め**」と号令する。
・小隊長は、小隊長の位置に戻り、指揮者の号令で整列休めの姿勢をとる。
＊以下、同じ要領で第2小隊、第3小隊の点検を行う。
⑤ 点検者は、服装等の点検終了後、指揮台に上り、姿勢を正す。

6 手帳の点検

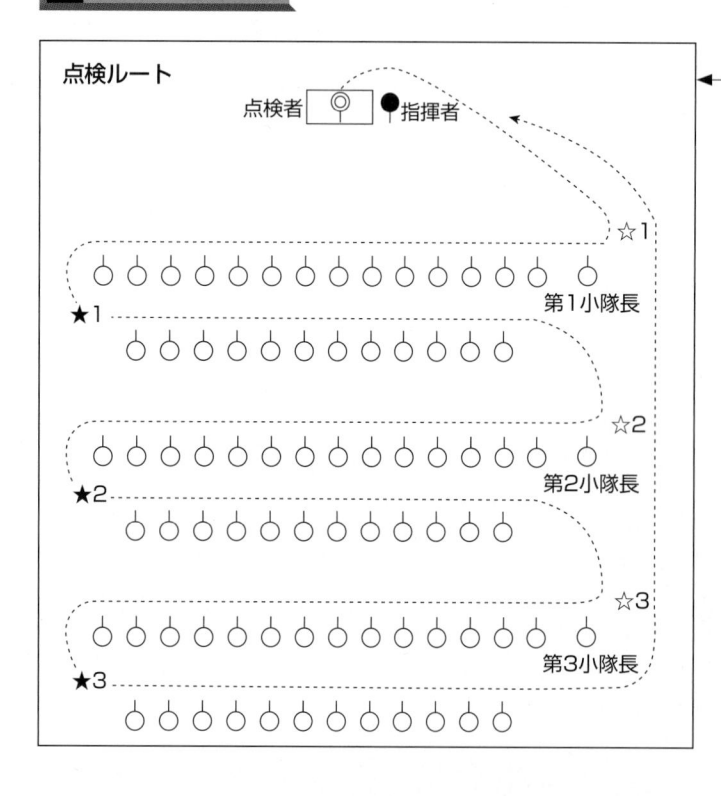

[点検ルート図：点検者・指揮者の位置、第1小隊長・第2小隊長・第3小隊長、☆1・☆2・☆3、★1・★2・★3の地点を示す]

① 指揮者は、点検者のおおむね1.5mの位置で、「**気をつけ、手帳**」と号令する。
② 隊員は基本の姿勢をとり、手帳の点検準備を整える。
③ 指揮者は、隊員が手帳点検の姿勢をとったことを確認して、点検者の方に向きを変え、「**点検準備完了しました**」と報告する。
・点検者は、まわれ右をし、指揮台を降りる。
④ 点検開始
＊点検順路は左図のとおり。点検中の小隊以外の部隊の整列休め要領は、服装等の点検と同じである。

74

7 点検終了

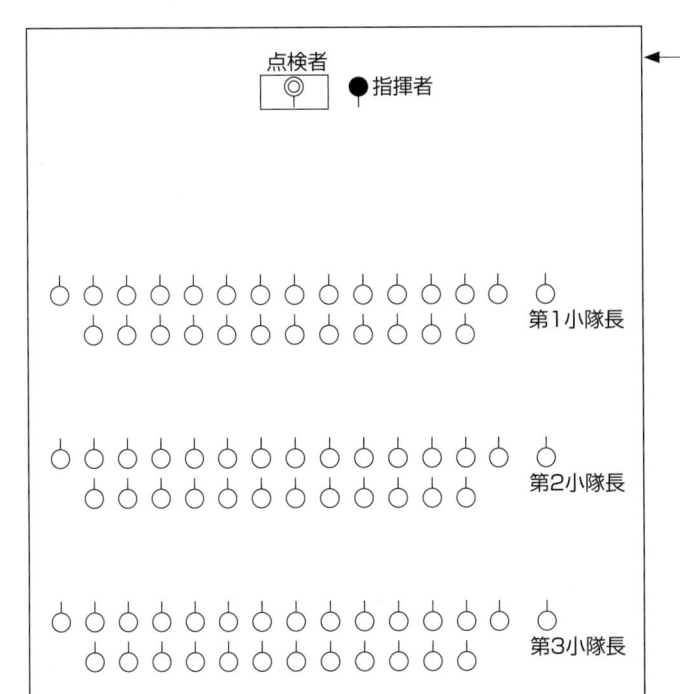

① 指揮者は、「**後列、4歩前へー進め**」と号令。
 • 後列員は、4歩前進し、前列との正しい距離をとり、自主整頓する。
② 指揮者は、「**まわれー右**」と号令。
 • 各小隊長は、まわれ右をして2歩で前進し、前列員にならう。きょう導及び欠ごのある後列員は、2歩前進し、前列員にならう。
③ 指揮者は、「**7歩前へー進め**」と号令。
④ 指揮者は、「**まわれー右**」と号令。
 • 各小隊長は、まわれ右をして2歩で前進し、前列員にならう。きょう導及び欠ごのある後列員は、2歩前進し、前列員にならう。
 • 各小隊の右翼きょう導は、整頓が終わったことを確認して、「**よし**」と指示する。列員は支持により右翼から手を降ろし、姿勢を正す。

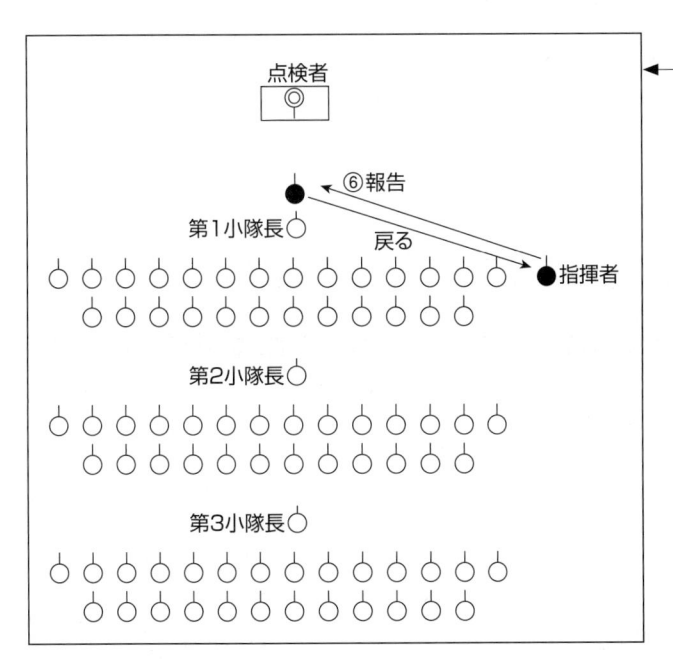

⑤ 指揮者は、「**小隊長、定位置につけ**」と指示する。
 • 小隊長は指示により、かけ足で定位置に正面を向いて停止し、まわれ右をして位置確認後、まわれ右をして正面を向き、基本の姿勢をとる。
⑥ 指揮者は、半ば向きを変え、かけ足で点検者の前方おおむね5mの位置に至り、挙手注目の敬礼（点検者、答礼）をした後、「**通常点検を終了します**」と報告を行う。
 • 再度、挙手注目の敬礼（点検者、答礼）をした後、度の深い右向きをし、駆け足で指揮位置に戻り、正面を向き、姿勢を正す。

8 訓示

① 点検者の「**休ませ**」の指示により、指揮者は、「**整列ー休め**」と号令。
② 点検者は、講評、訓示を行う。
③ 講評終了後、指揮者は姿勢を正し、「**気をつけ**」と号令した後、「**かしらー中**」と号令（点検者は部隊に答礼）。「**直れ**」と号令。
 • 点検者は、まわれ右をして指揮台を降り、点検場所から離れる。

9 解散

④ 点検者が視界から離れたとき、指揮者は、「**整列ー休め**」と号令。駆け足で指揮台に上がり、姿勢を正し、「**気をつけ**」と号令し「**各小隊ごと解散**」と指示する。小隊長以下、挙手注目の敬礼をする（指揮者、答礼）。
⑤ 指揮者は、まわれ右をして指揮台から降り、点検場所を離れる。
⑥ 小隊長の指示により、移動、解散する。

第5章　通常点検

§3 中隊（横隊）の通常点検 (第214条)

1 点検者の臨場

中隊横隊、整列休めの状態で、点検者の臨場を待つ。

> ① 点検者が臨場した（隊列の端に到達した）とき、「**気をつけ**」の号令。
> ② 点検者が定位についたとき、「**点検者にかしら―中**」の号令で、部隊の敬礼。
> 　（分隊長以上は挙手注目の敬礼、隊員は注目の敬礼）。
> 　―点検者、答礼―
> ③ 「**直れ**」

2 人員等の報告

> ④ 指揮者は点検者の前方5mの位置に移動して正対し、挙手注目の敬礼を行った後、人員数、必要事項を報告。
> 「○○○○（指揮者の姓及び階級）、総員○○名、事故○○名、現在員○○名、事故の内容…」
> ⑤ 報告後、点検者に敬礼をし、指揮者の定位置に移る。

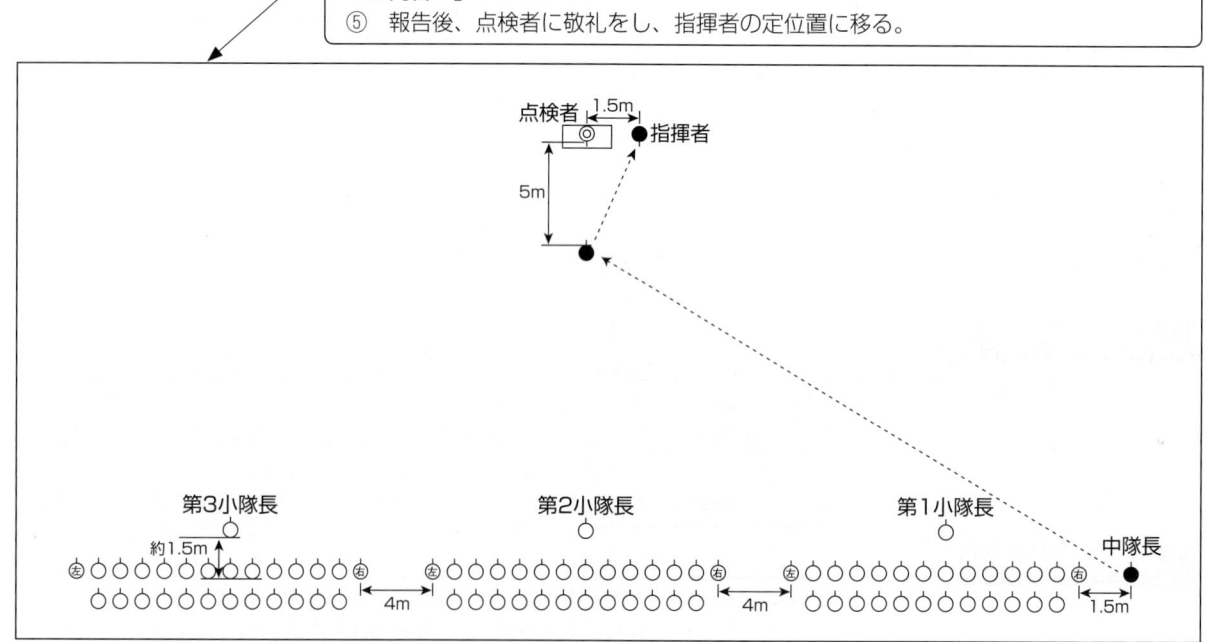

§3 中隊（横隊）の通常点検

3 点検準備

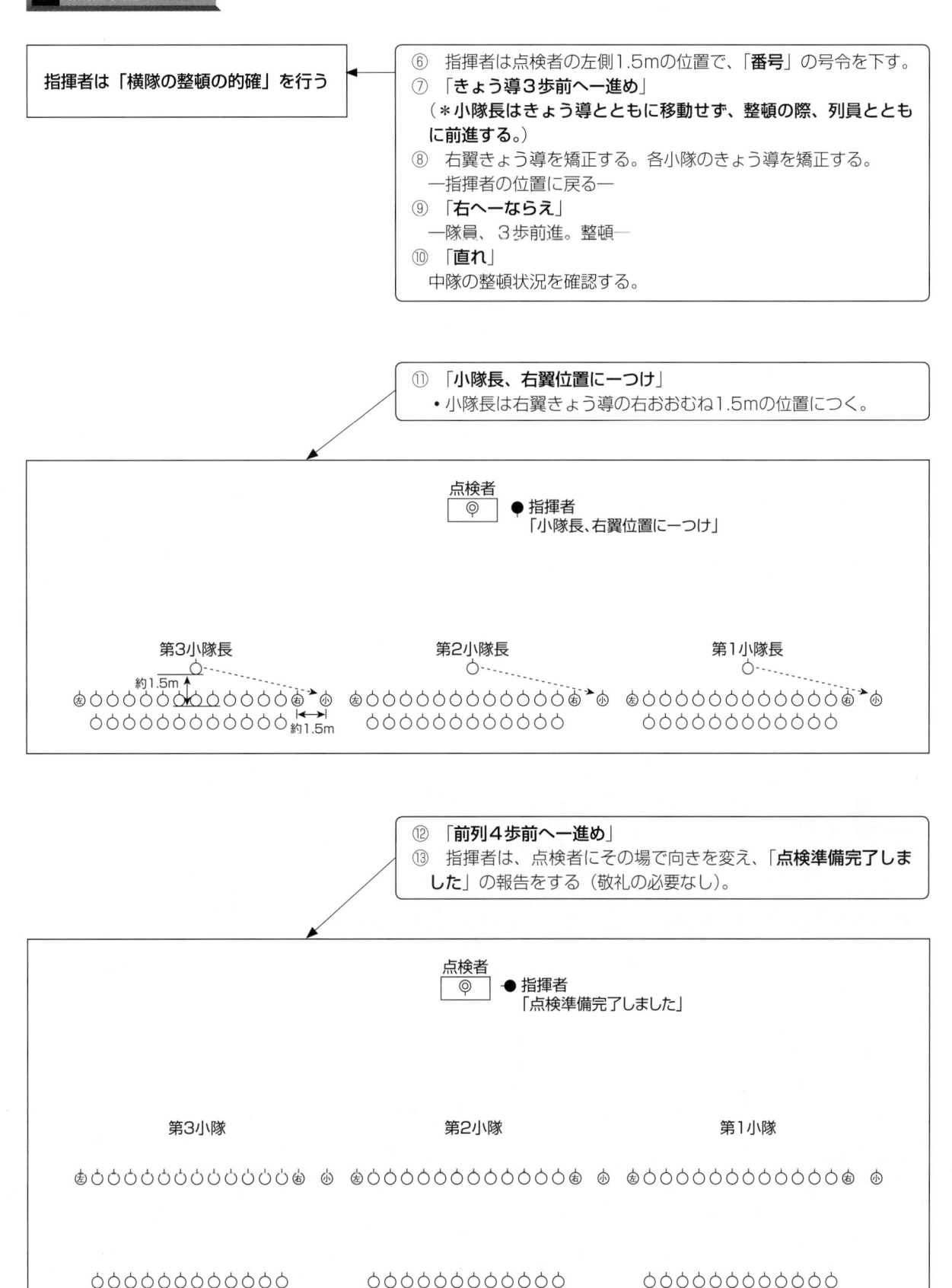

指揮者は「横隊の整頓の的確」を行う ←
⑥ 指揮者は点検者の左側1.5mの位置で、「**番号**」の号令を下す。
⑦ 「**きょう導3歩前へー進め**」
（＊小隊長はきょう導とともに移動せず、整頓の際、列員とともに前進する。）
⑧ 右翼きょう導を矯正する。各小隊のきょう導を矯正する。
―指揮者の位置に戻る―
⑨ 「**右へーならえ**」
―隊員、3歩前進。整頓―
⑩ 「**直れ**」
中隊の整頓状況を確認する。

⑪ 「**小隊長、右翼位置にーつけ**」
・小隊長は右翼きょう導の右おおむね1.5mの位置につく。

点検者
● 指揮者
「小隊長、右翼位置にーつけ」

第3小隊長　　　　　　　　　　　第2小隊長　　　　　　　　　　　第1小隊長

⑫ 「**前列4歩前へー進め**」
⑬ 指揮者は、点検者にその場で向きを変え、「**点検準備完了しました**」の報告をする（敬礼の必要なし）。

点検者
● 指揮者
「点検準備完了しました」

第3小隊　　　　　　　　　　　　第2小隊　　　　　　　　　　　　第1小隊

4 点検開始（人員、服装、姿勢の点検）

点検者は、点検準備完了の報告を受けて発進し、下図のように移動して服装、姿勢等を点検する。指揮者は点検者の後方1.5mの位置を随行する。

> ⑭ 指揮者は、点検者が小隊（小隊長）のおおむね7mの距離に近づいたとき、「**気をつけ**」の号令をかける。また、点検者が小隊（左翼分隊長）からおおむね7m離れたところで、「**整列―休め**」の号令をかける（背面の点検時も同様）。
> ⑮ 各小隊長は、自隊の点検開始と同時に指揮者の後方おおむね1.5mの位置に加わり、点検終了まで随行する。

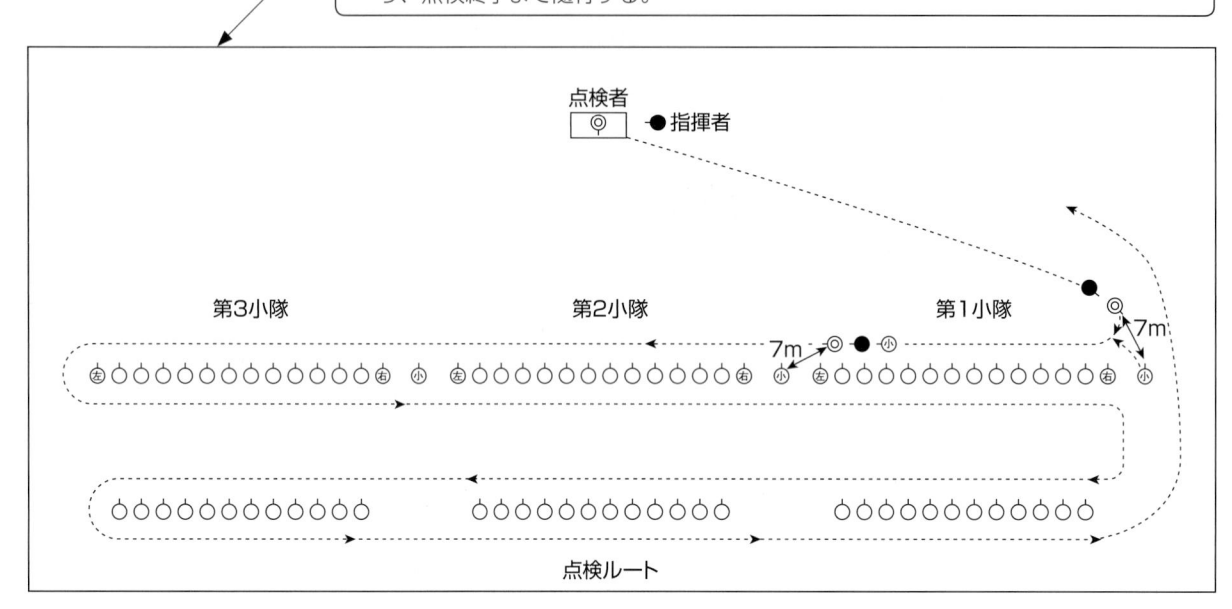

ワンポイント・レッスン
点検実施上の留意点
　点検者が点検を実施するときは、服装についてはその保存手入の状況のみならず、着用方法の不良又は携帯品等による不体裁等についても注意し、隊員の品位の向上を図るとともに、姿勢、態度については身体の故障に起因するものでない限り、その悪習を除去するようにし、消防手帳についてはそれが隊員の身分を表示し、職務執行に際して常に携帯すべきものであるから、その保存及び取扱の状況を十分に検査し、必要に応じて手帳を取って内容等をも検査するのが適当である。

消防訓練礼式の基準

(昭和40年7月31日消防庁告示第1号)
改正　昭和63年12月5日消防庁告示第5号
　　　昭和63年12月22日消防庁告示第6号

消防組織法(昭和22年法律第226号)第14条の4第2項〔現行＝第16条第2項〕及び第15条の6第2項〔現行＝第23条第2項〕の規定に基づく、消防訓練礼式の基準を次のように定める。

第1編　総則

(基準)
第1条　この基準は、消防職員及び消防団員(以下「隊員」という。)の基礎的な訓練礼式及び点検を定めるものとする。

(訓練の目的)
第2条　訓練の目的は、隊員を諸制式に熟練させ、その部隊行動を確実軽快にし、厳正な規律を身につけさせ、消防諸般の要求に適応させるための基礎を作ることにある。

(礼式の目的)
第3条　礼式の目的は、礼節を明らかにして、規律を正し、隊員の品位の向上を図るとともに、和衷協同して隊員の団結をきよう固にし、もつて消防一体の実をあげることにある。

(点検の目的)
第4条　点検の目的は、隊員の職務遂行に必要な諸般の状況を検査し、その不備の点は、これを整備または反復訓練の上是正し、もつて消防活動に際し、有効適切な措置をとらせることにある。

第2編　通則

(訓練の主眼)
第5条　訓練の主眼は、次の各号に掲げるところによる。
(1)　個人の規律心のかん養、確実軽快な動作及び厳正な態度の練成
(2)　指揮者としての指揮能力及び教育能力の養成
(3)　団結力、規律及び士気並びに協同動作のかん養
(4)　車両及び機械器具の愛護及び整備

(訓練の制式)
第6条　制式は、その目的及び必要度により軽重があり、これを判別して訓練の重点を明らかにし、その徹底を期さなければならない。
2　制式のほかみだりに細密な規定を設けてその内容を複雑にしてはならない。

(計画及び実施上の留意事項)
第7条　訓練の計画及び実施上留意すべき事項は、次の各号に掲げるところによらなければならない。
(1)　訓練を行なうには、目的を確立し、計画及び実施をこれに合わせ、最大の効果をあげるよう反復訓練するものとする。
(2)　訓練は、災害防ぎよのための基礎を作ることに留意するものとする。
(3)　訓練にあたつては、隊員に対し課目の目的及び精神を理解させ、各人をして進んで訓練に参加せしめるように努めるものとする。
(4)　徒歩訓練は、各個訓練より始め、逐次、分隊、小隊等大きな部隊の訓練に移るものとする。
(5)　車両をもつて行なう操練は、まず操縦、整備等の個々の操練を行ない、その進度に伴い単車、小隊、中隊等大きな部隊の操練に移るものとする。
(6)　その他
① 訓練は、順序正しく、正確軽快に行なうものとする。
② 指揮者は、特に服装姿勢態度を端正にし、号令を明快にし、かつ適切な説明を行なうとともに自から模範を示すものとする。

本条…一部改正〔昭和63年12月消告5号〕

(号令、命令及び指示)
第8条　号令、命令及び指示は、次の各号に掲げるところによらなければならない。
(1)　号令、命令及び指示は、厳正な態度で明確に示し、その徹底を期するものとする。
(2)　号令は、通常予令と動令とからなり、予令は明りように長く、動令は活ぱつに短く発声し、その間に適当な間隔を置くものとする。
(3)　指揮者が命令、指示を与え、または号令をかけるときは、通常、部隊に面して行なう。
(4)　下級部隊の長は、号令を受けたとき必要に応じ、更に補足号令を用い、又は低声をもつて指示を与えることができる。
(5)　行進間の号令は、原則として左足が地につくとき動令をかける。

(信号)
第9条　口頭の号令で不十分な場合は、部隊を指揮するため、別表1に掲げる信号を用いることができる。

(用語及び符号の意義)
第10条　この基準において使用する用語の意義は、次のとおりである。
(1)　「単位」とは、部隊の一部を形成する個人または部隊をいう。
(2)　「部隊」とは、指揮者のある隊員の隊ごをいう。
(3)　「距離」とは、同一線上に縦に並んだ単位間の間げきをいう。隊員間の距離は、前の者のかかとから後の者のかかとまでを測る。徒歩訓練における隊員間の距離はおおむね1.2メートルである。車両の距離は、前方の車の後端から後方の車の前端までを測る。
(4)　「間隔」とは、同一線上に横に並んだ単位間の間げきをいう。隊員間の間隔は、右方の隊員の左肩から左側の隊員の右肩までである。徒歩訓練における隊員間の間隔は、通常、手を腰に当てた長さである。特に間隔を指定した場合は、右方の隊員の両かかとの中心線から左側の隊員の両かかとの中心線までを測る。車両の間隔は、横に並んでいる車両と車両の間を測る。
(5)　「歩幅」とは、徒歩行進の歩の長さをいい、各人のかかとからかかとまでを測る。速足はおおむね70センチメートルとし、かけ足はおおむね80センチメートルとする。
(6)　「歩調」とは、1分間に行進する速度をいう。速足はおおむね120歩、かけ足はおおむね180歩とする。
(7)　「乗車員」とは、車両の乗務者、すなわち指揮者、車長、操縦者及びその他の隊員をいう。
(8)　「上司」とは、上級階級にある者、指揮監督の職権をもつ者及び現に指揮又は監督の任務を行なう者をいう。
(9)　「室内」とは、居室、事務室、講堂、食堂及び休憩室等の内部をいい、「室外」とは、屋外、廊下、通路、車両内、屋内訓練場、望楼、機械置場、諸甲板及び短艇内等をいう。
2　この基準において使用する符号の意義は、別表2のとおりである。

見出し…改正・1項…一部改正・2項…追加〔昭和63年12月告示5号〕

第3編　訓練

第1章　徒歩訓練

第1節　各個訓練

第1款　通則

（目的）

第11条　各個訓練の目的は、個人を練成し部隊訓練の基礎を作るにある。

（主眼）

第12条　各個訓練の主眼は、規律心を養い、確実軽快な動作に習熟させ、厳正な態度を身につけさせるにある。

（各個訓練の留意事項）

第13条　各個訓練上留意すべき事項は、次の各号に掲げるところによる。
(1)　基礎動作を重視すること。
(2)　主要な動作は反復訓練し、熟練の域にまで到達させること。
(3)　部隊訓練との連けいに常に留意し、かつ、部隊訓練実施の段階においても機会を求めて反復訓練すること。
(4)　個癖是正に努めること。
(5)　諸動作教育の初期段階においては、1挙動ごとに区切つて教育すること。

第2款　停止間の動作

（基本の姿勢）

第14条　基本の姿勢は、隊員の動作において基本となる姿勢であり、厳正かつ端正にして、しかも気力が充実し、いかなる号令にも直ちに応じ得られるものでなければならない。

2　基本の姿勢をとらせるには、「気をつけ」の号令をかける。

3　隊員は、前項の号令で両かかとを同一線上にそろえつけ、両足先はおおむね60度に開いてひとしく外に向け、ひざはまつすぐにのばし、体重をかかとと足の親指付根のふくらみに平均にかけ、上体を腰の上におちつけ、胸を張り、肩をやや後に引き一様にこれを下げ、腕は自然にたれ、手のひらをももにつけ、指を伸ばして並べ、中指をおおむねズボンの縫目にあてあごを引き、頭と首をまつすぐに保ち、口を閉じ、前方を直視して目を動かさない。

4　女子隊員は、両足先をおおむね45度に開き、両手の位置は中指をおおむねスラックス等の縫目にあてるほか、前項による。ただし、かばんを携帯する場合の左手については、左肩にかけたかばんのつり革前方結着部を左手で外側から軽く握り、左ひじを体側に添つて自然にまげる。

見出し…改正・1－3項…一部改正・4項…追加〔昭和63年12月告示5号〕

（休めの姿勢）

第15条　休めの姿勢は、「整列休め」及び「休め」の2とおりとし、休めの姿勢をとらせるには「整列－休め」または「休め」の号令をかける。

2　「整列休め」は、主として命令、訓示、点検等の場合において一時的に隊員の緊張した姿勢を緩和するために用いるもので、隊員は、「整列－休め」の号令で、左足をおおむね25センチメートル左へ活発に開き、ひざを軽く伸ばし、体重を左右の足に平均にかける。同時に手は後でズボンのバンド中央に重ねて組む。この際、手のひらは後に向けて開き、左手の親指と4指で右手の甲と4指を軽く握り、両親指を交差させる。この姿勢では、話をしたり動いたりしてはならない。

3　女子隊員は、「整列－休め」の号令で、左足をおおむね20センチメートル左へ活発に開き、同時に手は後ろでスラックス等のバンドに相当する位置に重ねて組むほか、前項による。

4　隊員は、「休め」の号令で、まず整列休めの姿勢をとり、その後はひじを軽く伸ばし、手を組んだまま手の位置を自然に下げる。この姿勢では、話をしたり動いたりしてはならない。

5　物品又は帽子（以下「物品等」という。）を所持している場合は、物品等を所持している手を自然にたれるほか、前各項による。

6　女子隊員がかばんを携帯し、かつ、物品等を所持していない場合は、右手のみうしろ手にするほか、第2項から第4項までによる。

7　指揮者は、休めの姿勢中、状況によつて楽な姿勢等の指示を与えることができる。

1・2項…一部改正・3項…全部改正・4－7項…追加〔昭和63年12月告示5号〕

（右（左）向け）

第16条　右（左）向けをさせるには、「右（左）向け－右（左）」の号令をかける。

2　隊員は、前項の号令で左（右）かかとと右（左）つまさきをわずかに上げ、左（右）足の親指付根のふくらみに力を加え、右（左）かかとで右（左）へ90度回る。ついで左（右）足を活発に右（左）足へ引き付ける。

（半ば右（左）向け）

第17条　半ば右（左）向けをさせるには、「半ば右（左）向け－右（左）」の号令をかける。

2　隊員は、前項の号令で右（左）向けの要領に準じて体の方向を45度変える。45度以外の方向変換の場合は、目標を示したのち号令をかける。

（後ろ向き）

第18条　後ろ向きをさせるには、「まわれ－右」の号令をかける。

2　隊員は前項の号令で、体重が前に残らぬように右足先を左かかとより、おおむね5センチメートル離れるよう後方に引き、体重をかけた両かかとを軸にして180度右にまわり、右かかとを活発に左かかとに引きつける。

2項…一部改正〔昭和63年12月告示5号〕

第3款　行進間の動作

（速足行進）

第19条　速足行進をさせるには、「前へ－進め」の号令をかける。

2　隊員は、前項の予令で体重をわずかに前に移し、動令で左足から前進する。腕は、ひじを伸ばし、体側に近く前におおむね45度、後におおむね15度自然にふり、頭を起して歩行しなければならない。

3　女子隊員がかばんを携帯する場合は、右腕のみ前後に振るほか、前項による。

2項…一部改正・3項…追加〔昭和63年12月告示5号〕

（速足行進の停止）

第20条　速足行進を停止させるには、「速足－止まれ」の号令をかける。

2　隊員は、前項の号令で更に1歩踏み出し、次の足を引きつけて止まり、基本の姿勢をとる。

2項…一部改正〔昭和63年12月告示5号〕

（右（左）向け発進）

第21条　停止間より行進を起すと同時に右（左）へ方向変換させるには、「右（左）向け前へ－進め」の号令をかける。所望の方向または目標に向かつて発進させる場合は、方向目標

を示したのち、号令をかける。
2　隊員は、右に発進する場合は、左足先を内にしておおむね半歩踏み出し、ついで右足を新行進方向に踏み出す。左に発進する場合は、左足を1歩前方に踏み出し、次に第2歩目（右足）を足先を内にしておおむね半歩踏み出し、左足を新行進方向に踏み出し行進する。

（行進中の右（左）向け）
第22条　行進中に右（左）へ方向を変換させるには、「右（左）向け前へー進め」の号令をかける。
2　隊員は、前条第2項の要領で動作する。

（右（左）向け停止）
第23条　行進中停止と同時に右（左）に向かせるときは、「右（左）向けー止れ」の号令をかける。所望の方向に向つて停止させる場合は、方向又は目標を示したのち、号令をかける。
2　隊員は、前項の号令で左（右）足先を新方向に向けて、おおむね半歩前に踏み出し、ついで右（左）足を引きつけて止まり、基本の姿勢をとる。
2項…一部改正〔昭和63年12月消告5号〕

（斜行進）
第24条　行進中に斜行進させるには「斜めに右（左）へー進め」の号令をかける。
2　隊員は、前項の号令で左（右）足先を内にしておおむね半歩踏み出し、体を半ば右（左）の方向に向け、次に右（左）足を新行進方向に踏み出し行進する。

（行進中の後ろ向き）
第25条　行進中後ろ向きをさせるには、「まわれ右前へー進め」の号令をかける。
2　隊員は、前項の号令で両手を自然にたれ、手のひらをももにつけ、左足先を内にしておおむね半歩前に踏み出し、両足の親指付根のふくらみを軸に180度右にまわり、直ちに左足を踏み出し行進する。
3　女子隊員がかばんを携帯する場合は、右手のみ自然にたれるほか、前項による。
2項…一部改正・3項…追加〔昭和63年12月消告5号〕

（かけ足行進）
第26条　かけ足行進をさせるには、「かけ足ー進め」の号令をかける。
2　停止間からかけ足をするときは、隊員は予令で両手を握り、甲を外にして腰に上げ体重をわずかに前へ移し、動令で左足から踏み出し、腕を前後に自然に振る。
3　女子隊員がかばんを携帯する場合は、予令で右手のみ握るものとするほか、前2項による。
3項…追加〔昭和63年12月消告5号〕

（速足行進からかけ足行進への移行）
第27条　速足行進からかけ足行進をさせるには、「かけ足ー進め」の号令をかける。
2　隊員は、前項の予令で両手を腰に上げ自然にふり、動令でそのまま1歩踏み出したのちかけ足に移る。
3　女子隊員がかばんを携帯する場合は、右手のみ腰に上げるほか、前項による。
2項…一部改正・3項…追加〔昭和63年12月消告5号〕

（かけ足行進から速足行進への移行）
第28条　かけ足行進から速足行進に移らせるには、「速足ー進め」の号令をかける。
2　隊員は、前項の号令で更にそのまま2歩前進し、両手を開いておろすと同時に速足行進に移る。

（かけ足行進の停止）
第29条　かけ足行進を停止させるには、「かけ足ー止まれ」の

号令をかける。
2　隊員は、前項の号令で更に2歩前進し、次にうしろの足を1歩踏み出し、次の足を引きつけて止まり、次に両手をおろし、基本の姿勢をとる。
3　女子隊員がかばんを携帯する場合は、右手のみおろすほか、前項による。
2項…一部改正・3項…追加〔昭和63年12月消告5号〕

（かけ足行進の後ろ向き）
第30条　かけ足行進中後ろ向きをさせるには、「まわれ右前へー進め」の号令をかける。
2　隊員は、前項の号令で更に2歩前進し、左足先を内にしておおむね半歩前に踏み出し、両足の親指付根のふくらみを軸に180度右にまわり、続けて行進する。

（足踏み及び足踏みの停止）
第31条　足踏みをさせるときは、「足踏みー始め」又は「かけ足足踏みー始め」の号令をかける。
2　隊員は、前項の号令で行進中のときは1歩（かけ足のときは3歩）前進して足踏みを行なう。足は親指付根のふくらみを地面からおおむね10センチメートル上げる。
3　停止間のときは、左足から速足調またはかけ足調で足踏みを行なう。
4　かけ足足踏みの場合は、予令で手を握つて腰に上げる。
5　足踏みを停止させるには、「足踏みー止れ」の号令をかける。
6　隊員は前項の号令で速足止れの要領により止まり、基本の姿勢をとる。
6項…一部改正〔昭和63年12月消告5号〕

（足踏みから速足（かけ足）への移行）
第32条　足踏みから速足（かけ足）に移らせるには、「前へ（かけ足）ー進め」の号令をかける。
2　隊員は、前項の号令で速足（かけ足）に移る。

（足の踏替え）
第33条　足の踏替えをさせるには、「足をー変え」の号令をかける。
2　隊員は、速足行進中に前項の号令があつたときは右（左）足を1歩踏み出し、右（左）かかとの近くに左（右）足先をつけると同時に右（左）足で踏み出す。
3　隊員は、かけ足行進中に足を替えるには、左（右）足はあげたまま右（左）足で更に1回躍進して、地についたら次の左（右）足からかけ足行進に移る。

第2節　部隊訓練
第1款　通則

（目的）
第34条　部隊訓練の目的は、部隊活動の基礎を練成するにある。

（主眼）
第35条　部隊訓練の主眼は、部隊の団結力、規律、士気及び協同動作を向上し、正確で軽快な部隊行動を訓練するとともに指揮者の指揮能力を向上するにある。

（部隊訓練の種別）
第36条　部隊訓練は、小隊訓練、中隊訓練及び大隊訓練とする。

（命令の予告及び動作の監視）
第37条　大（中）隊訓練に際し、中（小）隊長は、あらかじめその中（小）隊の行なおうとする動作を小声で指示することができる。
2　中（小）隊長は、整頓、隊形変換等をする場合においては、中（小）隊の動作を監視しなければならない。

（部隊訓練実施上の基準）

資料

第38条 部隊訓練を実施するときは、次の各号に掲げる事項を基準とする。
(1) 整頓を行なう場合列員は、足の位置を正して、頭、肩及び上体を前後に出すことなく正しい姿勢をとり、頭を右（左）にまわし、右（左）の目で右（左）列員を見、他の目で全線を見通すものとする。
(2) 行進中は、歩調の斉一と適正な間隔及び距離の保持に努め、常に頭をまわさないで整頓翼の方にある右（左）列員及び前方の列員に注意し、整頓翼から押してくるときは、これにしたがい、反対翼から押してくるときは、これをさえるものとする。
(3) 行進中間隔及び距離が開閉したときは、徐々に回復するようにつとめるものとする。
(4) 障がい物等に遭遇したときは、直ちに左右に避けないで足踏みをし、他の列員の行進に支障がなくなつてから障がい物等を避けてすみやかにもとの位置に復するものとする。
(5) 整頓翼の方の列員と踏足の違つたときは、第33条の規定により足の踏替えをし、すみやかに整頓翼側列員の踏足にあわせるものとする。
(6) みち足は、不せい地等の行進の際、小隊縦隊及び中隊直列縦隊の隊形でこれを行なうものとし、列員は正規の歩調をとらないことができる。
(7) 方向を換えるには、停止間の場合は、速足を用いるものとし、特に必要のあるときは、かけ足を用い、予令の次に「かけ足」の号令を加えるものとする。ただし、行進中の場合は、原則としてかけ足を用いるものとする。
(8) この節の定めにかかわらず、必要のあるとき指揮者は、特定の人員の位置を指定し、又は隊形を変更することができる。

（指揮者の位置）
第39条 指揮者は、通常、部隊の指揮掌握及び訓練に最も適切な位置にあつて指揮を行なう。

（隊員の確認）
第40条 部隊の集合が終わつたとき指揮者は、番号を呼称させ、人員の確認を行なうものとする。
2 番号を呼称する列員は、通常、横隊においては前列、縦隊においては最右翼列員（以下「基準列員」という。）とする。

（番号）
第41条 番号を呼称させるときは、「番号」の号令をかける。
2 横隊においては、前項の号令で右翼者から左へと順次自己の番号を呼称する。
3 縦隊においては、第1項の号令で列員の先頭者から後方へ順次自己の番号を呼称する。

（部隊訓練の準備）
第42条 部隊訓練を準備するため、この節第2款の規定にしたがい、分隊で訓練を行なわなければならない。

第2款 小隊訓練
第1目 編成及び隊形

（小隊の編成）
第43条 小隊は、3分隊に分け、分隊は、10人の隊員をもつて編成する。ただし、人員の都合により増減することができる。
2 小隊は、きよう導として横隊にあつてはその両翼に、縦隊にあつては、最右翼列の先頭及び後尾に分隊長を置くものとする。
3 横隊の前後列の2人及び縦隊の左（右）方列の4人をごとという。
4 横隊の左翼の後列及び縦隊の後尾左（右）方列を欠く場合を欠ごという。

（小隊の隊形）
第44条 小隊の隊形は、小隊横隊、小隊側面縦隊及び小隊縦隊とし、第1図から第2図までのとおりとする。
2 横隊は、主として集合、点検及び短距離の動作に、側面縦隊は、主として横隊に連けいして行なう行動隊形に、縦隊は、主として集合及び長距離の行動隊形に用いるものとする。

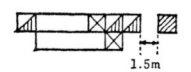

第1図 小隊横隊

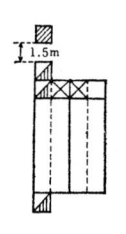

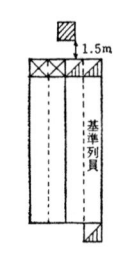

第1図の2 小隊側面縦隊　　第2図 小隊縦隊

（横隊の集合）
第45条 小隊を横隊に集合させるには、基本の姿勢をとり、右手を垂直に上げ、「集れ」の号令をかける。
2 右翼分隊長は、前項の号令で、指揮者の前方おおむね5メートルの距離をとつて基本の姿勢をとり、右手を垂直に上げ、「基準」と呼称し、横隊の定位につく。列員は、右翼分隊長の左方に身長の順序に2列とし、列間の距離がおおむね1.1メートルになるように整列する。
3 隊員は、各個に間隔を規正するために右手を腰にあててならうが、この際、後列の者は前列の者にならつたのち右方に整頓し、整頓が終われば右より手をおろす。
1・2項…一部改正〔昭和63年12月消告5号〕

（縦隊の集合）
第46条 小隊を縦隊に集合させるには、基本の姿勢をとり、右手を垂直に上げ、「縦隊に一集れ」の号令をかける。
2 最右翼列の先頭分隊長は、前項の号令で、指揮者の前方おおむね5メートルの距離をとつて基本の姿勢をとり、右手を垂直に上げ、「基準」と呼称し、縦隊の定位につく。隊員は、基準列員を基準とし、正規の間隔を保ち4列に整列する。
3 隊員は、各個に間隔を規正するため、前条第3項に準じて整頓する。
1・2項…一部改正〔昭和63年12月消告5号〕

（小隊長の位置）
第47条 小隊長は、小隊が横隊に整列している場合は、右翼分隊長の右方おおむね1.5メートルに位置し、側面縦隊の場合は、旧正面先頭分隊長の前方おおむね1.5メートルに位置し、縦隊の場合は、中央前方おおむね1.5メートルの所に位置する。

第2目 整頓

（横隊の整頓）
第48条 横隊を整頓させるには、「右（左）へーならえ」の号令をかける。
2 隊員は、前項の号令で右翼分隊長及び後列1番員を除く列員が右手を腰にあて、ひじを側方に張り、後列員は、まず正

しく前方の列員に重なつて距離をとり、次に頭を右へまわし右列員にならい整頓する。

3　整頓が終わつたときは、「直れ」の号令で、隊員は頭を正面に復し、右手をおろす。

2項…一部改正〔昭和63年12月消告5号〕

（側面縦隊の整頓）

第49条　側面縦隊を整頓させるには、「ならえ」の号令をかける。

2　前項の号令で、小隊の先頭分隊長は、動くことなく、小隊の旧正面にある列員及び後尾分隊長は、おおむね1.2メートルの距離をとつて先頭分隊長に重なり、その他の列員は、前方の者に重なつて旧正面の方に頭を向け、手をあげないで整頓する。

3　整頓が終わつたときは、「直れ」の号令で、隊員は頭を正面に復する。

（縦隊の整頓）

第50条　縦隊を整頓させるには、「ならえ」の号令をかける。

2　前項の号令で、最右翼列の先頭分隊長は、動くことなく、基準列員は、おおむね1.2メートルの距離をとつて先頭分隊長に重なり、その他の列員は、右手を腰にあて、前方の者に重なり基準列員の方に頭を向け、整頓する。

3　整頓が終わつたときは、第48条第3項の規定により動作する。

（整頓の的確）

第51条　横隊の整頓を的確にするためきよう導を出して行なうものとする。

2　前項の整頓を行なうときは、指揮者は、「きよう導（何）歩前へー進め」と号令し、きよう導が前進して停止したときは、その位置を正した後、「右（左）へーならえ」の号令をかける。

3　「右（左）へーならえ」の号令で、小隊は前進し、最後の1歩を縮めて整頓線のやや後方に止まり、次に頭を右（左）にまわし、小足で静かに整頓線につき、第48条第2項の規定により整頓する。

4　右（左）翼分隊長は、すみやかに整頓の基礎を定めるため反対翼の分隊長を目標とし、整頓翼に近い列員から逐次整頓を正し、反対翼の分隊長は、これを補助する。

5　整頓が終わつたときは、第48条第3項の規定により動作する。

第3目　右（左）向き及び後ろ向き

（右（左）向き）

第52条　横隊が右（左）向きをしたときは、偶数員（奇数員）は、斜め1歩前進し、奇数員（偶数員）の右（左）に出てごを組み、側面縦隊となる。ただし、両翼分隊長は、各自その位置で右（左）向きをする。

2　側面縦隊で左（右）向きをしたときは、ごを解いて横隊になり、右（左）に整頓する。

3　縦隊で右（左）向きをしたときは、4列横隊となり左（右）に整頓する。

（横隊の後ろ向き）

第53条　横隊で後ろ向きをしたときは、両翼分隊長及び欠ごは前列につくものとする。

第4目　行進

（横隊の直行進）

第54条　横隊の直行進のきよう導は、常に右方とし、特に左方とする場合または必要ある場合は、「きよう導左」の号令による。

2　指揮者は、直行進の号令を下す前には、通常行進目標をきよう導に示すものとし、小隊が一せいに行進を起したときは、隊員はきよう導にならつて行進し、きよう導は、列員にかかわらず正規の歩調と速度を保つて、指示された目標に向い、又は正面と直角に行進する。

（行進中の右（左）向き及び後ろ向き）

第55条　横隊又は側面縦隊で行進中の小隊を、右（左）向きさせるには、「右（左）向け前へー進め」の号令をかける。

2　隊員は、第52条第1項及び同条第2項の規定により、側面縦隊又は横隊を作り行進する。

3　縦隊で行進中の小隊を右（左）向きさせるには、第22条及び第52条第3項の規定により行なう。

4　行進中後ろ向きさせるには、第25条及び第53条の規定により行なう。

（側面縦隊及び縦隊行進中における整頓）

第56条　側面縦隊及び縦隊の隊員は、常に旧正面または基準列員を基準に整頓しながら行進し、きよう導の後方にある隊員は、きよう導の進んだ線を踏み、その他の隊員は、前方の隊員の進んだ線を踏んで行進する。

（縦隊の右（左）向け発進及び行進中の側面縦隊の左（右）向き停止）

第57条　縦隊を停止間より行進を起すと同時に右（左）へ方向変換させるには、第21条の規定により行なう。

2　側面縦隊で行進中の小隊を止めて、直ちに横隊を作らせるには、「左（右）向けー止れ」の号令をかける。

3　隊員は、前項の号令で第52条第2項の規定により動作する。

（斜行進）

第58条　斜行進を行なう場合は、第24条の規定により行なうものとし、列員の肩は互に平行し、右（左）斜行進の場合は、列員の右（左）肩は右（左）列員の左（右）肩の後ろにならなければならない。

2　列員は、常に斜行する方向に整頓する。

（みち足）

第59条　みち足をさせるには、「歩調やめ」の号令をかける。

2　みち足行進中は、許可なく話をしてはならない。

3　みち足行進から速足行進をさせるには、「歩調とれ」の号令をかけ第19条の規定により速足行進に移る。

（行進の停止）

第60条　小隊を止まらせるには、「小隊ー止まれ」の号令をかける。

2　小隊は停止し、横隊の場合列員は、各自整頓し、側面縦隊及び縦隊の場合列員は、そのままとする。

第5目　方向変換、隊形変換等

（横隊の方向変換）

第61条　横隊を停止間及び行進中において方向変換させるには、「右（左）に向きを換えー進め」の号令をかける。

2　前項の号令で停止間の場合は、軸翼にある分隊長は右（左）向きをし、その他の隊員は半ば右（左）向きをして近みちを通り、逐次新線に至つて停止し、その右（左）列員に整頓する。

3　行進中においては、方向を換えながら新方向に行進する。

4　指揮者は、方向を換え終ろうとするとき、必要がある場合は、きよう導を指示するものとする。

5　行進方向を換え、直ちに停止する必要があるときは、「右（左）に向きを換えー止まれ」の号令を下し、軸翼にある分隊長は、第23条第2項の要領で停止し、列員は、新線に至り停止し、その右（左）列員に整頓する。

6　半ば右（左）に方向を変換させるには、「半ば右（左）に向きを変えー進め」の号令をかける。ただし、45度以外の方向変換は、目標を示したのち、号令をかける。

資料

7　前項の号令で隊員は、第2項から第5項までの要領により動作する。

（側面縦隊及び縦隊の方向変換）

第62条　側面縦隊及び縦隊を方向変換させるには、「くみぐみ右（左）へー進め」の号令をかける。

2　行進中においては、先頭ごは小さな環形を歩み、旋回軸にある列員は、最初の数歩をちぢめ、外翼にある列員は、正規の歩幅で行進し、常に旋回軸の方に整頓しつつ右（左）に向きを変えて行進する。この際各ごは、前のごと同じ所に至つて同じ方法で向きを変える。

3　停止間においては、前項に準じて動作し、部隊の深さだけ前進し指揮者の指示により停止する。

（側面縦隊及び縦隊半ば方向変換）

第63条　側面縦隊及び縦隊を半ば右（左）へ方向変換させるには、「くみぐみ半ば右（左）へー進め」の号令をかけるに。

　　ただし、45度以外の方向変換は、目標を示したのち、この号令をかける。

2　側面縦隊及び縦隊は、前項の号令で、前条に定める側面縦隊及び縦隊の方向変換の要領に準じておおむね45度右（左）へ向きを変えて前進し、45度以外の方向変換は、あらかじめ示された新目標に向つて前進する。

（側面縦隊の横隊変換）

第64条　側面縦隊から同方向に横隊を作らせるには、「左（右）へ並びー進め」の号令をかける。

2　前項の号令で先頭分隊長は、停止間の場合はそのままとし、行進中の場合は続けて行進し、列員は、ごを解きながら近みちをとおつて横隊を作り、きよう導に整頓する。

3　側面縦隊で行進中同方向に横隊を作り直ちに停止させるには、「左（右）へ並びー止まれ」の号令をかける。

4　先頭にある分隊長は、直ちに停止し、列員は、ごを解いて近みちをとおつて横隊を作り、きよう導にならい整頓する。

（行進中の横隊の側面縦隊変換）

第65条　行進中の横隊を、同方向に側面縦隊として行進させるには、「右（左）向けくみぐみ左（右）へー進め」の号令をかける。

2　小隊は、右（左）向きをして側面縦隊となり、ついで第62条の側面縦隊の規定によつて方向を換え続けて行進する。

（解散）

第66条　小隊を解散させるには、「別れ」の号令をかける。

2　小隊長が前項の号令をかけたときは、隊員は、小隊長に対して各個の敬礼をして別れる。

第3款　中隊訓練

第1目　編成及び隊形

（中隊の編成）

第67条　中隊の編成は、第43条の規定に準じ、おおむねこれを3小隊とし、第1から第3までの番号をつける。

2　前項の小隊は、おおむね30人の隊員をもつて編成する。ただし、人員の都合により増減することができる。

（中隊の隊形）

第68条　中隊の隊形は、中隊横隊、中隊縦隊、中隊併立縦隊、中隊側面縦隊、中隊並列縦隊及び中隊直列縦隊とし、第3図から第7図の2までとする。

2　中隊内各小隊間の距離及び間隔は、必要により適宜伸縮することができる。

（中隊横隊）

第69条　中隊横隊は、横隊の小隊を横につらねた隊形で、第3図のとおりとする。

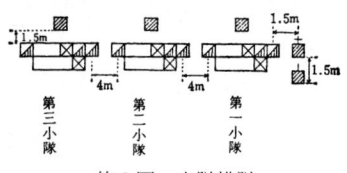

第3図　中隊横隊

（中隊縦隊）

第70条　中隊縦隊は、横隊の小隊が縦に重なつた隊形で、第4図のとおりとする。

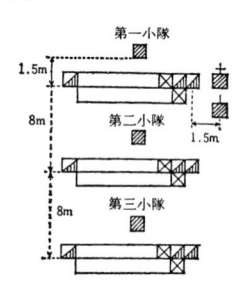

第4図　中隊縦隊

（中隊併立縦隊）

第71条　中隊併立縦隊は、中隊縦隊を側面に向けた隊形で、第5図のとおりとする。

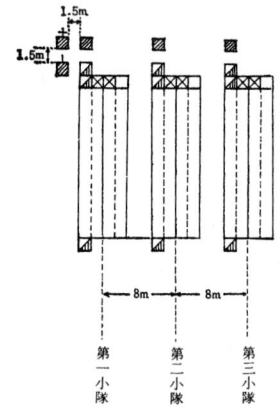

第5図　中隊併立縦隊

（中隊側面縦隊）

第72条　中隊側面縦隊は、側面縦隊の小隊が縦に重なつた隊形で、第6図のとおりとする。

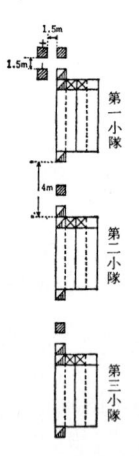

第6図　中隊側面縦隊

（中隊並列縦隊及中隊直列縦隊）
第73条 中隊並列縦隊は、縦隊の小隊を横につらねた隊形で、第7図のとおりとする。

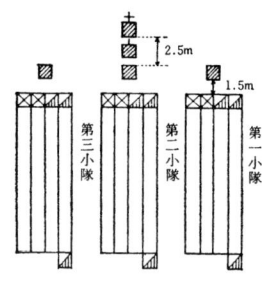

第7図　中隊並列縦隊

2　中隊直列縦隊は、縦隊の小隊が縦に重なつた隊形で、第7図の2のとおりとする。

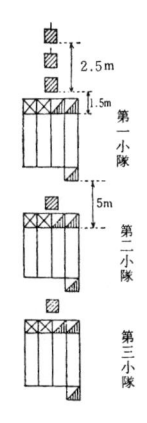

第7図の2　中隊直列縦隊

（中隊の集合）
第74条 中隊の集合は、第45条及び第46条の規定を適用する。
2　中隊の集合隊形は、通常、中隊縦隊及び中隊並列縦隊とする。

（中隊長及び小隊長の位置）
第75条 中隊横隊及び中隊縦隊の場合の中隊長の位置は、第1小隊の右翼分隊長右方おおむね1.5メートルとし、小隊長の位置は、各小隊の中央おおむね1.5メートルに位置する。
2　中隊併立縦隊及び中隊側面縦隊の場合の中隊長の位置は、第1小隊の先頭分隊長の左方おおむね1.5メートルの前方おおむね1.5メートルとし、小隊長の位置は、各小隊の先頭分隊長の前方おおむね1.5メートルに位置する。
3　中隊並列縦隊の場合の中隊長の位置は、第2小隊の小隊長の前方おおむね2.5メートルに位置し、中隊直列縦隊の場合の中隊長の位置は、第1小隊長の前方おおむね2.5メートルに位置する。

第2目　整頓

（整頓）
第76条 中隊を整頓させるには、小隊の整頓に準じて動作する。
第77条 併立縦隊及び並列縦隊の隊形にある中隊を整頓させるには、指揮者は、基準小隊を示し、「ならえ」の号令をかける。
2　前項の号令で基準小隊は、第49条及び第50条の規定により動作し、その他の小隊は基準小隊の方に整頓する。
3　整頓が終つたときは、「直れ」の号令で、隊員は、第49条及び第50条の規定により動作する。

（整頓の的確）
第78条 横隊及び縦隊の隊形にある中隊の整頓を的確にするためきよう導を出して行なうものとする。
2　横隊の整頓を行なうには、指揮者は、「きよう導（何）歩前へー進め」と号令し、各小隊の両翼分隊長がいっせいに前進して停止したときは、その位置を正した後、「右（左）へーならえ」の号令をかける。
3　「ならえ」の動令で、中隊は前進し第51条第3項から第5項までの規定により整頓する。
4　縦隊の整頓を行なうには、指揮者は、「きよう導（何）歩前へー進め」と号令し、先頭小隊の両翼分隊長が前進して停止したときは、その位置を正した後、「右（左）へーならえ」の号令をかける。
5　「ならえ」の動令で、先頭小隊長及び先頭小隊の列員は、第51条第3項から第5項までの規定により整頓し、後方小隊の小隊長及び整頓翼の分隊長は、列員とともに前進し、正しく距離をとり、先頭小隊長及び先頭小隊整頓翼の分隊長に重なるものとする。

第3目　右（左）向き及び後ろ向き

（縦隊の右（左）向き）
第79条 縦隊の隊形にある中隊が右（左）向きをしたときは、各小隊は、第52条第1項の規定によつて動作をし、第71条に定める併立縦隊となる。

（併立縦隊の左（右）向き）
第80条 併立縦隊の隊形にある中隊が左（右）向きをしたときは、第52条第2項の規定によつて動作をし、第70条に定める縦隊となる。

（横隊の右（左）向き）
第81条 横隊の隊形にある中隊が右（左）向きをしたときは、各小隊は、第52条第1項の規定によつて動作をし、第72条に定める側面縦隊となる。

（側面縦隊の左（右）向き）
第82条 側面縦隊の隊形にある中隊が左（右）向きをしたときは、各小隊は、第52条第2項の規定によつて動作をし、第69条に定める横隊となる。

（横隊及び縦隊の後ろ向き）
第83条 横隊及び縦隊の隊形にある中隊が後ろ向きをしたときは、各小隊は、第53条の規定によつて動作をし、各小隊長は、その位置で後ろ向きをする。

第4目　行進

（行進の原則）
第84条 中隊の行進については、第33条、第38条及び第54条から第60条までの規定によつて実施するほか、この目の規定による。

（長距離行進）
第85条 長距離行進は、直列縦隊で行なうものとする。

（縦隊の直行進）
第86条 縦隊が直行進を行なう場合は、後方小隊のきよう導は、その前方小隊のきよう導の進んだ線を踏み、そのきよう導から常におおむね8メートルの距離を保つものとする。

（併立縦隊及び並列縦隊の行進）
第87条 併立縦隊及び並列縦隊が行進を行なう場合は、指揮者は、通常、基準小隊を示し、かつ、必要があるときは、その小隊のきよう導の行進目標を示すものとする。

（行進中の右（左）向き及び後ろ向き）
第88条 中隊訓練における行進中の右（左）向き及び後ろ向き

資料

は、第79条から第83条までの規定によって実施する。
（行進中の併立縦隊及び側面縦隊の左（右）向き停止）
第89条　行進中の併立縦隊または側面縦隊を止めて、直ちに側面に向つて縦隊または横隊を作らせるには、「左（右）向けー止まれ」の号令をかける。
2　中隊は、停止して第80条または第82条の規定により縦隊又は横隊となる。
　　　　見出し…改正〔昭和63年12月消告5号〕
（みち足）
第90条　中隊のみち足は直列縦隊の隊形で行ない、第59条の規定を準用する。

第5目　方向変換、隊形変換等
（方向変換及び隊形変換）
第91条　中隊の方向変換及び隊形変換は、前に規定した諸制式によって実施するほか、この目の規定による。
（縦隊及び横隊の方向変換）
第92条　縦隊の方向を換えさせるには、「右（左）に向きを換えー進め」の号令をかける。
2　停止間においては、先頭小隊は、第61条の規定によつて動作をし、後方小隊は、号令で半ば左（右）向きをし、斜行進をしながら先頭小隊の軸翼分隊長の後方に至り、右（左）に方向を換え、正規の距離をとつて、右（左）の方に整頓する。
3　行進中においては、後方小隊は、先頭小隊の方向変換をした同じ所に至り、号令なくして方向を換えながら、先頭小隊に続行する。
4　横隊の方向変換は、通常、行なわないものとする。
（併立縦隊及び並列縦隊の方向変換）
第93条　併立縦隊及び並列縦隊の方向を変えさせるには、「右（左）に向きを換えー進め」の号令をかける。
2　停止間においては、軸翼にある小隊は、第62条の規定によつて右（左）に方向を変え、小隊の深さだけ新方向に進んで停止し、他の小隊は、軸翼小隊と正規の間隔を保ち、方向を変えながら行進し、軸翼小隊の先頭と同一線に至つて停止する。
3　行進中においては、軸翼にある小隊は、前項と同じ方法で方向を変えながら行進し、その他の小隊は、かけ足で方向を変えながら軸翼小隊の先頭と同一線に至つて、速足に移り、行進する。
（縦隊から横隊への変換）
第94条　縦隊から同方向に横隊を作らせるには、「横隊作れー進め」の号令をかける。
2　小隊長の指示にしたがつて、先頭小隊はそのままとし、中央小隊は半ば右向き、後尾小隊は半ば左向きをし、近みちをとおつて先頭小隊の右（左）の方に正規の位置に至つて停止し、中央小隊に整頓する。
3　左（右）側に横隊を作らせるには、「左（右）へ横隊作れー進め」の号令をかける。
4　小隊長の指示にしたがつて、先頭小隊はそのままとし、後方小隊は半ば左（右）向きをし、近みちをとおつて順次先頭小隊の左（右）の方に正規の位置に至つて停止し、右（左）の方に整頓する。
5　行進中においては、横隊への変換は、通常、行なわないものとする。
（側面縦隊から縦隊への変換）
第95条　側面縦隊から同方向に縦隊を作らせるには、「縦隊作れー進め」の号令をかける。
2　小隊長の指示にしたがつて、先頭にある分隊長は、停止間においてはそのままとし、行進中においては続けて行進し、

先頭小隊の列員は、ごを解きながら近みちをとおつて横隊を作り、後方小隊は、先頭小隊に準じて小隊ごとに横隊を作り、正規の距離をとる。
（側面縦隊から併立縦隊への変換）
第96条　側面縦隊から同方向に併立縦隊を作らせるには、「併立縦隊作れー進め」の号令をかける。
2　小隊長の指示にしたがつて、先頭小隊は、停止間においてはそのままとし、行進中においては続けて行進し、中央（後尾）小隊は、右（左）の方に正規の間隔をとるように進出し、軸翼小隊の先頭と同一線に至る。
3　右（左）側に併立縦隊を作らせるには、「右（左）に併立縦隊作れー進め」の号令をかける。
4　小隊長の指示にしたがつて、先頭小隊は、停止間においてはそのままとし、行進中においては続けて行進し、後方小隊は、右（左）の方に正規の間隔をとるように進出し、軸翼小隊の先頭と同一線に至る。
（横隊から縦隊への変換）
第97条　横隊から同方向に縦隊を作らせるには、「縦隊作れー進め」の号令をかける。
2　小隊長の指示にしたがつて、中央小隊はそのままとし、右小隊は度の深い左向きをし、斜行進をして中央小隊の後方に至つて停止し、左小隊は度の深い右向きをし、斜行進をして右小隊の位置する後方に至つて停止し、正規の距離をとつて右の方に整頓する。
3　右（左）側に縦隊を作らせるには、「右（左）へ縦隊作れー進め」の号令をかける。
4　小隊長の指示にしたがつて、右（左）小隊はそのままとし、その他の小隊は度の深い右（左）向きをし、斜行進をして右（左）小隊の後方に至つて停止し、正規の距離をとつて右の方に整頓する。
5　行進中の場合は、縦隊への変換は、通常行なわないものとする。
（中隊の解散）
第98条　中隊の解散は、第66条の規定を適用する。

第4款　大隊訓練
第1目　隊形
（大隊の隊形）
第99条　大隊の隊形は、大隊横隊及び大隊縦隊とする。ただし、必要ある場合に指揮者は、別に隊形を定めることができる。
（横隊及び縦隊）
第100条　大隊横隊は、中隊縦隊を横に併列した隊形で、主として点検に用い、第8図のとおりとする。

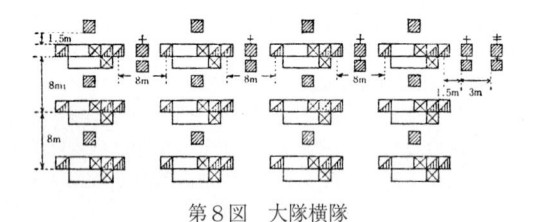

第8図　大隊横隊

2 大隊縦隊は、中隊縦隊が縦に重なつた隊形で、主として、分列行進に用い、第9図のとおりとする。

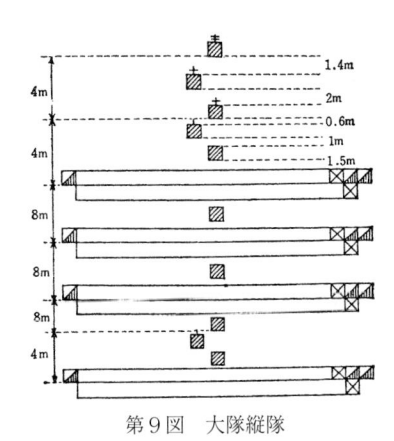

第9図 大隊縦隊

第2目 整頓等

（大隊訓練）
第101条 大隊訓練を行なうには、前に規定した諸制式によつて実施するほか、この条の規定による。
2 指揮者は、各中隊をして、同時に同一の動作をさせる必要がある場合は、号令を用いるものとする。
3 指揮者は、整頓、行進、方向変換、隊形変換等を行なうため必要がある場合は、基準中隊及び中隊の関係位置等を中隊長に示すものとする。
4 各中隊間の距離及び間隔は、各中隊整頓翼の分隊長が、保つものとする。

第2章 車両操練

第1節 通則

（目的）
第102条 車両操練の目的は、単車及び車両部隊としての各種行動の基礎を練成することにある。
（主眼）
第103条 操練の主眼は、人車一体となり正確にして整々軽快な行動を演練するとともに指揮者の指揮掌握力の向上を図るものとする。
（操練の留意事項）
第104条 車両操練上留意すべき事項は、次の各号に掲げるところによらなければならない。
(1) 徒歩訓練、操縦操練等の成果を応用拡充して訓練を行なうよう努めるものとする。
(2) 常に車両の点検及び整備を行なつて、車両行動を円滑にし、故障の発生を予防するものとする。
(3) 操練は、努めて平易な場所で行ない、道路を利用する場合においては、教育の進度に適応して経路を選定するものとする。
(4) 操練の速度は、通常毎時10ないし20キロメートルを基準とするものとする。
（信号）
第105条 前方（後方）からの信号は、通常各車ごとに確実に後方（前方）に伝え、次に緊急を要する信号は、近隣相伝えて速かに行なわなければならない。
2 隊形変換等の場合においては単位部隊の指揮者は必要があれば、その部下部隊の行なうべき動作について、更に信号することができる。
（準用）
第106条 車両操練に必要な事項で、この章に定めていないものは、徒歩訓練を準用する。

第2節 単車操練

第1款 通則

（目的）
第107条 単車操練の目的は、単車行動の基礎を練成するとともに車両部隊操練の基礎を作ることにある。
（主眼）
第108条 訓練の主眼は、車長以下の者が協同動作を保ちながら、各自それぞれ規律を守り人車一体となつて正確に行動できるように訓練することにある。
（操練上の注意事項）
第109条 単車操練は、まず運転者に基本の動作を各別に、車長に指揮法、操縦者の援助法等を教育したのち相互に連携させて総合演練しなければならない。
2 操縦者は、独力でも操縦、点検整備ができるように、訓練に努めなければならない。

第2款 定位、姿勢

（下車時の定位）
第110条 乗車員を下車時の定位につけるときは「集れ」と号令する。
2 乗車員は、前項の号令で第10図のように位置する。

2項…一部改正〔昭和63年12月消告5号〕

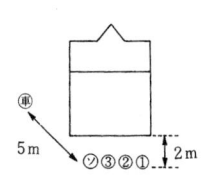

第10図 下車時の定位

（乗車時の定位）
第111条 乗車員の乗車時の定位は、第11図のとおりとする。

本条…一部改正〔昭和63年12月消告5号〕

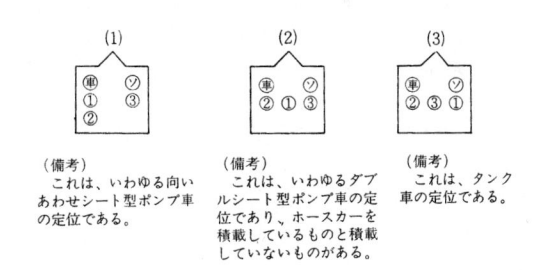

(1) (2) (3)

（備考）これは、いわゆる向いあわせシート型ポンプ車の定位である。
（備考）これは、いわゆるダブルシート型ポンプ車の定位であり、ホースカーを積載しているものがある。
（備考）これは、タンク車の定位である。

第11図 乗車時の定位

（乗車時の姿勢）
第112条 乗車している場合は「気をつけ」の号令で、次の姿勢をとる。
(1) 操縦者は、ハンドルに正対し、両手で軽くこれを握る。
(2) その他の乗車員で腰を掛けた者は、両手を軽く握つてひざの上に置くか、又は両手で手すりを握り姿勢を正し、立つている者は両手で手すり等を握つて足はおおむね半歩開いて姿勢を正す。
2 乗車員が乗車している場合「休め」の号令があつたときは、乗車員は適宜楽な姿勢をとる。ただし、運行間操縦者は、操縦に専念する。

第3款 停止間の動作

（乗車）
第113条 乗車員を乗車させるには、「乗車」の号令をかける。
2 乗車員は、「乗車」の号令でそれぞれ乗車時の定位につ

87

資料

き、姿勢を正す。ただし、車長は、通常、隊員の乗車を確かめるものとする。
（下車）
第114条　乗車員を下車させるときは、「下車」の号令をかける。
2　乗車員は、「下車」の号令でそれぞれ下車時の定位につき、姿勢を正す。ただし、車長は、隊員の下車を確かめたのち定位につく。
（機関始動）
第115条　機関を始動させるには、「機関始動」の号令をかける。
2　操縦者は、前項の号令で機関を始動する。
（機関停止）
第116条　機関を停止させるときは「機関停止」の号令をかける。
2　操縦者は前項の号令で機関を停止する。

第4款　運動
（前進）
第117条　前進させるときは、「前進」の号令をかける。この場合、必要があれば号令の前に速度、行進目標を示す。
2　操縦者は、前項の号令で徐々に発進して、次第に示された速度に移り、正しく方向と速度を保つて行進する。
（停止）
第118条　停止させるときは「止れ」の号令をかける。ただし、やむを得ず急停止させるときは、号令を短く切り、かつ、急速にかける。
2　操縦者は、前項の号令で停止する。
（速度の増減）
第119条　速度を増減させるときは、「速度を増せ」または「速度を落とせ」の号令をかける。この場合必要があれば号令の前に速度増減の程度を示す。
2　操縦者は、前項の号令で、徐々に速度を増減する。
（方向変換）
第120条　車両を方向変換させるには、「右（左）に向きを変え－進め」の号令をかける。この場合、必要があれば号令の前に角度または目標を示す。
2　停止間にあつては、行進を起すと同時に、第12図のとおり半径おおむね10メートルの円弧を描くように右（左）におおむね90度若しくはあらかじめ示された角度、または目標に正対するように向きを換える。
3　行進中にあつては、前項に準じて動作し、続いて行進する。
　　2項…一部改正〔昭和63年12月消告5号〕

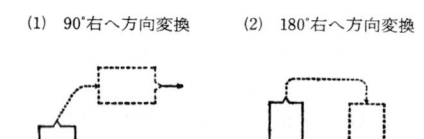

(1) 90°右へ方向変換　(2) 180°右へ方向変換

第12図　方向変換
　注　実線は前の位置、点線は後の位置を示す。（以下同じ）

（旋回）
第121条　車両を旋回させるには、「右（左）へ旋回」の号令をかける。この場合、必要があれば号令の前に旋回の角度又は目標及び使用してもよい地域を示す。
2　操縦者は、前項の号令で前進後退を反復し、第13図の要領により、あらかじめ示された角度または目標に正対するように旋回して停止する。車長は、下車して誘導する。

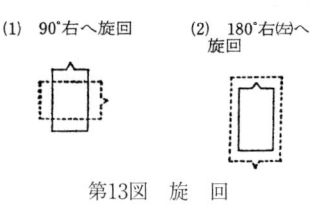

(1) 90°右へ旋回　(2) 180°右（左）へ旋回

第13図　旋　回

（後退）
第122条　車両を後退させるには、「後退」の号令をかける。
2　操縦者は、前項の号令で徐々に後退する。車長は、下車して誘導する。
（側方移動）
第123条　車両を側方に移動させるには、「右（左）に一寄れ」の号令をかける。この場合、号令の前に移動の量及び使用してよい地域を示す。ただし、側方移動は、停止間においてのみ行なうものとする。
2　操縦者は側方移動の操作を行ない、第14図の要領により、示された位置に移る。車長は、下車して誘導する。
　　2項…一部改正〔昭和63年12月消告5号〕

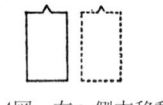

第14図　右へ側方移動

第3節　車両部隊操練
　第1款　通則
（目的）
第124条　車両部隊操練の目的は、車両部隊の部隊活動の基礎を練成することにある。
（主眼）
第125条　操練の主眼は、指揮者の指揮掌握力と各車間の協同連けいの向上を図ることにある。
（基準車、基準縦隊及び基準部隊）
第126条　部隊の整頓及び運動を規正するために、基準車、基準縦隊及び基準部隊を定める。
2　縦隊においては先頭車、横隊においては通常、中央車（車両数が偶数の場合には右中央車）を基準車とする。
3　大部隊においては、そのつど基準部隊を定める。その他の部隊は基準部隊にならう。
（距離間隔）
第127条　基本訓練の距離は、おおむね10メートルとし、間隔は、おおむね3メートルとする。ただし、集合時の距離は、おおむね5メートルとする。
2　特別の距離間隔をとる必要がある場合には、そのつど指揮者が示す。
（車両部隊と徒歩部隊との関係）
第128条　車両部隊と徒歩部隊とは、通常それぞれ別々の行動をとるものとする。
2　車両部隊が徒歩部隊とともに集合する場合においては、車両部隊は、通常、徒歩部隊の左方又は後方に位置する。
　第2款　隊形
（要旨）
第129条　指揮者車は、通常、基準車若しくは基準縦隊又は基準部隊の前方に位置する。
2　指揮者は、指揮者車等、特殊の車両の位置及び距離間隔を特に指定し、又はこの款の隊形にかかわらず適宜変更するこ

とができる。

(縦隊)
第130条 縦隊は、部隊の大小を問わず運動に最も適した隊形で、全車両は、第15図のとおり縦に1列に重なり、通常、各車の軸心を一線にそろえる。

本条…一部改正〔昭和63年12月消告5号〕

(中隊以下の隊形)
第131条 中隊以下の隊形は、縦隊のほか横隊及び並列縦隊とし、横隊は主として集合に、並列縦隊は集合及び近距離の運動に用いる。

2　横隊では、第16図のとおり、全車両を横に1列に並べ、各車の前端を一線にそろえる。

3　並列縦隊では、第17図のとおり、縦隊隊形の各単位部隊を横に並べ、各縦隊の先頭車の前端を一線にそろえる。

2・3項…一部改正〔昭和63年12月消告5号〕

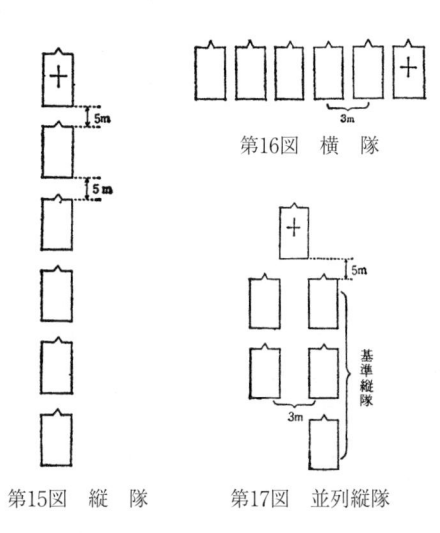

第15図　縦　隊　　第16図　横　隊　　第17図　並列縦隊

(大隊の集合隊形)
第132条 大隊の集合隊形は、縦隊のほか大隊縦隊及び大隊横隊とし、指揮者車は大隊の前方おおむね10メートルに位置する。

2　大隊縦隊においては、第18図のとおり、並列縦隊の中隊を縦に重ね、中隊間の距離はおおむね10メートルとする。

3　大隊横隊においては、第18図の2のとおり、並列縦隊の中隊を横に並べ、中隊内の間隔はおおむね10メートルとする。

2・3項…一部改正〔昭和63年12月消告5号〕

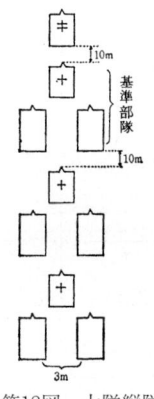

第18図　大隊縦隊

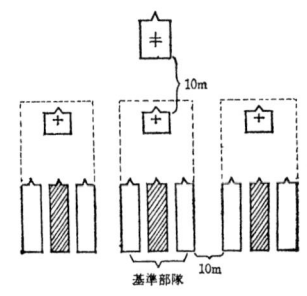

第18図の2　大隊横隊

第3款　集合、整頓、行進、停止

(集合)
第133条 部隊を集合させるときは、指揮者は、隊形及び必要があれば基準車の位置を示したのち、集合を命ずる。

2　基準車は、指揮者の後方又は示された所に位置し、各車、各単位部隊は基準縦隊及び基準部隊にならつて示された隊形に集合する。

(整頓)
第134条 横隊及び並列縦隊の車両部隊を整頓させるには、「整頓始め」及び「整頓やめ」の号令をかける。ただし、指揮者は、号令をかける前に、必要な人員を下車させ、整頓線上に基準車、標員等を配置して、その整頓を正するものとする。

2　車両部隊は、「整頓始め」の号令で、各車は車長の誘導にしたがい、徐々に距離間隔をとり、「整頓やめ」の号令で、下車しているものは乗車する。

3　その場において整頓させる場合及び縦隊を整頓させる場合には、前2項に準じて行なう。

(行進)
第135条 車両部隊を行進させるには、指揮者は、必要があれば行進目標及び速度を示したのち号令をかけ、行進間必要に応じ速度を示す。

2　基準車は、正しく方向と速度を保つて行進し、他の車も動令と同時に出発して逐次規定の関係位置をとる。行進間において距離間隔を失つた場合は、徐々に回復する。

(停止)
第136条 車両部隊を停止させるときは、「止れ」の号令をかけ、行進中の距離間隔を保つたまま停止させるときは、「その場に－止れ」の号令をかける。

2　基準車は、「止れ」の号令で徐々に停止し、その他の各車両は、基準車の規定の距離間隔を保つて徐々に停止する。

3　行進中「その場に－止れ」の号令がかかつたときは、各車両は、行進間の距離間隔を保つたまま徐々に停止する。

資料

別表1　手信号

番号	信号名	図示	説明	灯火信号	信号の利用
1	「気をつけ」		片腕を高く垂直に上げる。	短く点滅	準備よいか、準備よし、注意せよ、指揮者にならえ
2	「休め」		片腕を高く垂直に上げ、数回左右に振る。		指揮者にならうに及ばず
3	「乗車」		片腕を（手のひらを上にして）水平に横に延ばし、数回垂直に上げる。		
4	「下車」		片腕を（手のひらを下にして）水平に横に延ばし、数回垂直に下げる。		
5	「機関始動」		片手を握り、体の前方で大きく円を描く。		
6	「機関停止」		両腕を体の下方で数回交ささせる。		
7	「集合」		片腕を上げ、頭の上で数回水平に円を描く。		
8	「前進」		片腕を高く上げ、次に前方に数回振る。		
9	「止れ」		片腕を水平に上げ、次に斜め下に下ろす。		
10	「速度を増せ」		片腕を肩に上げ、上方に数回屈伸する。		
11	「速度を落とせ」		片腕を水平に横に伸ばし、数回斜め下まで動かす。		
12	「右（左）に方向変え」		片腕を高く垂直に上げ、曲がる方向に水平に倒す。（または方向指示器による。）	曲がる方向斜め上45度の方向に数回上げる。	
13	「後退」		手のひらを前に向け、胸のところで数回前に押す動作をする。		
14	「右（左）に寄れ」		片腕を手のひらを外側にして肩に上げ、数回外側に動かす。		
15	「開け」		両腕を（手のひらを外にして）垂直に上げ、次に腕を水平まで下ろす。		
16	「閉め」		両腕を（手のひらを上に向け）水平に伸ばし、次に腕を手のひらが合うまで上げる。		
17	「異常なきや」		両腕を交互に上下に振る。		
18	「異常あり」		片腕を垂直に上げ、大きく上下に振る。クラクション連続短音と併用（事故あらば赤旗使用）		後方続行せず事故あり
19	「追越せ」		片腕を横に出し、手を前後に振つて追越を促す。		
20	「その場に止れ」		異常あり(18)の信号をしたのち、止れの信号をする。（緊急停車の場合は、赤旗使用）		

21	「了解」		受けた信号を繰り返す。		
22	「ライトをつけよ」		（気を付け）ののち、相手の方に片手を伸ばし、数回指を開閉する。		
23	「ライトを消せ」		（気を付け）ののち、片手の手のひらで目をおおう。		

別表2　符号

指揮者	中隊長付	分隊長でない列員	車長	中隊長車
大隊長	小隊長	大隊縦隊	操縦者	大隊長車
中隊長又は大隊長付	分隊長	隊員又は乗車員	車両	

第4編　礼式

第1章　総則

（礼式の種別）

第137条　礼式は、隊員及び部隊の行なう敬礼及び儀式とする。

（本編の適用）

第138条　本編の規定は、原則として制服を着用した隊員及び部隊に適用する。

（礼式の実施）

第139条　礼式の実施に際しては、厳正明確を旨とし、隊員の規律と品位を保つように注意しなければならない。

第2章　敬礼

第1節　通則

（敬礼の種類）

第140条　敬礼は、各個の敬礼、部隊の敬礼及び旗の敬礼とする。
(1)　各個の敬礼とは、隊員が各個に行なう敬礼をいう。
(2)　部隊の敬礼とは、部隊が行なう敬礼をいう。
(3)　旗の敬礼とは、旗で行なう敬礼をいう。

（敬礼の一般的事項）

第141条　敬礼は、別に各節に定めるもののほか、受礼者その他敬礼を行なうべきものを明らかに認め得る距離（おおむね5メートル）において相手に注目して行なう。

2　敬礼を行なうときは、答礼又は「直れ」の号令の終るのを待つてもとに復する。

3　敬礼を行なう場合において、敬礼を受ける者が答礼を行なわないものであるとき及び受礼者の答礼を待つことができないときは、適宜もとに復する。

（答礼）

第142条　敬礼を受けた者は答礼を行なうものとする。

2　答礼の動作は、敬礼に準ずる。

（敬礼動作）

第143条　敬礼動作は、別に各節において定めるもののほか、次の各号に掲げるとおりとする。
(1)　挙手注目の敬礼は、受礼者に向つて姿勢を正し、右手をあげ、指を接してのばし、ひとさし指と中指とを帽子の前ひさしの右端にあて、手のひらを少し外方に向け、ひじを肩の方向にほぼその高さにあげ、受礼者に注目して行なう。
(2)　最敬礼は、受礼者に向つて姿勢を正し、注目した後、上体をおおむね45度前に傾け頭を正しく保つて行なう。ただし、帽子を持つているときは、右手に前ひさしをつまみ、内部をももに向けて垂直にさげ、左手は、ももにつけてたれるものとする。
(3)　15度の敬礼は、上体をおおむね15度前に傾けて行なうほか、前号に準じて行なう。
(4)　かしら右（左、中）又は注目の敬礼の場合、指揮者は上体を受礼者に向け、挙手注目の敬礼を行ない、隊員は注目して行なう。ただし、頭を向ける角度は、おおむね45度を限度とする。
(5)　姿勢を正す敬礼は、基本の姿勢をとつて行なう。

本条…一部改正〔昭和63年12月消告5号〕

第2節　各個の敬礼

第1款　通則

（各個の敬礼）

第144条　各個の敬礼は、次の各号に掲げるところによる。
(1)　隊員は、特に定めがあるもののほか、上司に対して敬礼を行なう。
(2)　2人以上の上司に対する敬礼は、まずそのうちの最上級者に対して行ない、次に他の上司一同に対して行なう。ただし、最上級者が明らかでないときは上司一同に対して行なうものとする。
(3)　休憩中における上司に対する敬礼は、隊員各個に行なう。ただし、上司とともにあるときは、この限りでない。
(4)　同級者は、互に敬礼を行なう。
(5)　隊員は、国旗又は隊の標識である旗（以下「国旗等」という。）が隊の施設又は儀式の式場等において掲揚、降納される場合は、これに対して敬礼を行なう。
(6)　隊員は、隊員のひつぎ又は遺骨（以下「ひつぎ等」とい

資料

(敬礼の省略)
第145条　隊員が制服を着用していない場合その他相手が受礼者であるかどうか確認できない場合は、敬礼を省略することができる。
2　隊員は、映画館、劇場、飲食店、船車等その他の場所で公衆が雑踏し敬礼を行なうことが困難な場合は、敬礼を省略することができる。
3　隊員は、次の各号に掲げる場合は、敬礼を行なわないものとする。
(1)　上司に随従している場合において、当該上司が敬礼を受けるべきとき
(2)　車両等の操縦又は短艇その他の船舶の操だに従事しているとき
(3)　勤務、演習、訓練、作業等に従事している場合で、敬礼することがその任務遂行に支障があるとき
　　3項……一部改正〔昭和63年12月消告5号〕

(歩行中の場合)
第146条　歩行中の隊員は、歩行のまま敬礼を行なうことができる。ただし、国旗等及び隊員のひつぎ等に対しては、停止して敬礼を行なうものとする。

(入室の場合)
第147条　入室のときは、職務の執行上支障ある場合を除き、室外において脱帽するものとする。
2　上司の室に入るときは、ノックし、在室者の応答を得た後、室内に入り、上司の席を離れることおおむね2メートルの位置で停止し敬礼を行なう。
3　上司の室を去るときは、前項に準じて敬礼を行なう。
4　前2項の場合において、在室の上司2人以上で主客の別あるときは、第144条第2号の規定にかかわらず、まず主たる上司に対して敬礼を行なう。
　　2―4項……一部改正〔昭和63年12月消告5号〕

(辞令等の受領又は提出の場合)
第148条　室内で辞令、賞状及び書類等を受けるときは、授与者を離れることおおむね2メートルの位置で停止し敬礼を行なつた後、受領しやすい位置に直ちに前進し、帽子を左わきにはさみ、右手でこれを受け、左手を添えてこれを見たのち、左手に収め、ついで帽子を右手に移しもとの位置に復してふたたび敬礼を行なつた後、退去するものとする。
2　上司に書類等を提出するときは、左手から右手に移して行なうほか前項の規定に準じて行なう。
　　1項……一部改正・2項……削除・3項……一部改正し2項に繰上〔昭和63年12月消告5号〕

第149条　室外で辞令、賞状及び書類等を受けるとき又は書類等を提出するときは、授与者からおおむね5メートルの位置で敬礼を行なうほか、前条の規定に準じて行なう。

(命令若しくは諭告の受領または陳述若しくは申告の場合)
第150条　室内で、上司より命令若しくは諭告を受け又は上司に陳述若しくは申告を行なうときは、第147条の規定により敬礼を行なつた後、状況により適宜前進し、命令若しくは諭告を受け又は陳述若しくは申告を行なつてもとの位置に復し、ふたたび敬礼を行なつた後、退去するものとする。
　　本条……一部改正〔昭和63年12月消告5号〕

第151条　室外で、上司より命令若しくは諭告を受け又は上司に陳述若しくは申告を行なうときは、上司からおおむね5メートルの位置で敬礼を行なうほか、前条の規定に準じて行なう。
　　本条……一部改正〔昭和63年12月消告5号〕

(訓授場、教養場等における場合)
第152条　訓授場、教養場等に訓授者又は上司若しくは教養者(以下「訓授者等」という。)が来場したときは、在場中の最上級者又はあらかじめ定められた者が「気をつけ」又は「起立」の号令を下し、訓授者等が定位についたとき「敬礼」の号令で、一せいに15度の敬礼を行ない、「直れ」の号令でもとに復し、次に「整列―休め」、「休め」又は「着席」の号令をかける。
2　訓授者等が退場するときは、前項に準じて行なう。ただし、「整列―休め」、「休め」又は「着席」の号令は、上司又は訓授者等が室外に出た後かけるものとする。
　　1・2項……一部改正〔昭和63年12月消告5号〕

(訓授中又は教養中若しくは作業中の場合)
第153条　室内で、訓授中又は教養中若しくは作業中上司が来場したとき、又は退場するときは、訓授者等のみが敬礼を行なう。
2　隊員は、着席中起立している訓授者等から話しかけられた場合は、起立して応答するものとする。
　　1項……一部改正〔昭和63年12月消告5号〕

第2款　着帽時の敬礼

(敬礼の方式)
第154条　着帽時の敬礼は、最敬礼、挙手注目の敬礼又は姿勢を正す敬礼とする。
　　本条……一部改正〔昭和63年12月消告5号〕

(最敬礼)
第154条の2　隊員のひつぎ等に対しては、最敬礼を行う。
　　本条……追加〔昭和63年12月消告5号〕

(挙手注目の敬礼)
第155条　挙手注目の敬礼は、次の各号に掲げるものについて行なう。ただし、右手を上げることができないとき又は正規の方法によりがたいときは、15度の敬礼を行う。
(1)　国旗等に対するとき
(2)　第146条、第149条及び第151条の規定により敬礼を行なうとき
(3)　前各号に定めるもののほか、室外において挙手注目の敬礼を必要とするとき
　　本条……一部改正〔昭和63年12月消告5号〕

(姿勢を正す敬礼)
第156条　姿勢を正す敬礼は、次の各号に掲げるものについて行なう。
(1)　国歌に対するとき
(2)　船艇又は車内において着席しているとき
(3)　前各号に定めるものの外、室外において姿勢を正す敬礼を必要とするとき

第3款　脱帽時の敬礼

(敬礼の方式)
第157条　脱帽時の敬礼は、最敬礼、15度の敬礼及び姿勢を正す敬礼とする。

(最敬礼)
第158条　隊員のひつぎ等に対しては、最敬礼を行なう。

(姿勢を正す敬礼)
第159条　国歌、国旗等に対するとき、又は室内において上司に応答するときは、姿勢を正す敬礼を行なう。
　　本条……一部改正〔昭和63年12月消告5号〕

(15度の敬礼)
第160条　前2条に定めるもののほか、脱帽している場合は、15度の敬礼を行なう。

第3節　部隊の敬礼
第1款　通則

（部隊の敬礼）
第161条　部隊は、その指揮者が第144条の規定により敬礼を行なうべき場合に敬礼を行なうものとする。
（部隊の敬礼の方式）
第162条　部隊の敬礼は、最敬礼、注目の敬礼、かしら右（左、中）の敬礼、姿勢を正す敬礼又は指揮者のみの敬礼とする。
2　部隊の敬礼は、指揮者のみの敬礼の場合を除き、指揮者の号令により行なう。
3　指揮者のみの敬礼は、挙手注目の敬礼、15度又は指揮じょうの敬礼を行なう。
（敬礼を行なう単位）
第163条　部隊の敬礼は、独立する分隊、小隊又は中隊では各部隊ごとに、大隊では中隊ごとに行なう。ただし、2個大隊以上の部隊で停止間の場合は、大隊ごとに行なうものとする。
　　本条…一部改正〔昭和63年12月消告5号〕
（個々の隊員に対する敬礼）
第164条　個々の隊員に対する部隊の敬礼は、その指揮者より上司の者でなければ行なわない。
　　本条…一部改正〔昭和63年12月消告5号〕
（部隊相互の敬礼）
第165条　部隊相互の敬礼は、指揮者の階級が下の者から行なう。
2　指揮者の階級が同級のとき、または明らかでないときは、先後を問わず行なう。
（室内又は夜間の敬礼）
第166条　部隊の敬礼は、室内又は夜間においては、特に必要がある場合のほか、行なわない。
（部隊の敬礼の省略）
第167条　第145条の規定は、部隊の敬礼の省略について準用する。
　　　　第2款　行進間の敬礼
（行進中の場合）
第168条　行進中の部隊の敬礼は、速足行進で歩調を整えた後、受礼者のおおむね7メートルの位置で、指揮者の号令により第143条第4号の敬礼を行なう。ただし、都合により、隊員はみち足のままとし指揮者のみが速足行進で敬礼を行なうことができる。
2　かけ足行進の場合は、かけ足のまま指揮者のみが敬礼を行なう。
3　部隊は、前各項の規定にかかわらず、国歌、国旗等又は隊員のひつぎ等に対しては、停止して敬礼を行なう。
（分列行進の場合）
第169条　指揮者は、敬礼の始点に達したときは、挙手注目の敬礼を行ない、敬礼の終点を過ぎたときは、もとに復して列を脱し、すみやかに観閲者の右側後方に至り、分列行進の終るまで同所に位置する。
2　大隊長（徒歩部隊の場合は中隊長）は、敬礼の始点に達したときは、「かしらー右」の号令を下し、隊員は、一せいに観閲者に注目しながら行進する。ただし、車両部隊の操縦者及び徒歩部隊の分隊長は、注目を行なわない。
3　前項の場合において中隊長（徒歩部隊の場合は小隊長）以上は、挙手注目の敬礼を行なう。
4　大隊長（徒歩部隊の場合は中隊長）は、大隊（徒歩部隊の場合は中隊）の後尾が敬礼の終点を過ぎたとき、「直れ」の号令を下し、隊員は、敬礼をもとに復して続けて行進する。
（車両及び船艇の場合）
第170条　車両及び船艇の乗車員が敬礼を行なうときは、指揮者の号令でそのまま注目し、指揮者は、着席したまま敬礼を行なう。
　　ただし、都合により、指揮者のみの敬礼によることができる。
2　操縦者は、運転中においては敬礼を行なわない。
（音楽隊の場合）
第171条　奏楽を行ないつつ行進している音楽隊は、指揮者のみが指揮じようをもって敬礼を行なう。
　　　　第3款　停止間の敬礼
（停止間の場合）
第172条　停止間の部隊の敬礼は、まず隊列を正し、受礼者が部隊のおおむね7メートルにきたとき指揮者の号令により第143条第4号の敬礼を行ない、「直れ」の号令でもとに復する。
（観閲の場合）
第173条　観閲における部隊の敬礼は、観閲者が大（中）隊の先頭に近づいたとき、その大（中）隊長は、「気をつけ」の号令を下し、ついでおおむね7メートルに近づいたとき、「かしらー右」の号令を下し、中（小）隊長以上は挙手注目の敬礼を行ない、隊員は、これを目迎目送する。
2　観閲者がその大（中）隊をおおむね7メートル過ぎたとき「直れ」の号令を下し、ついで「整列ー休め」の号令をかける。
3　大（中）隊横隊の観閲を行なう場合は、観閲者が各中（小）隊のおおむね7メートル前にきたとき、その中（小）隊長は「かしらー右」の号令を下し、小隊長以上は、挙手注目の敬礼を行ない、隊員は、これを目迎目送し、観閲者がその中（小）隊をおおむね7メートル過ぎたとき、「直れ」の号令をかける。ただし、この場合大（中）隊長は、号令をかけないものとする。
（車両及び船艇の場合）
第174条　第170条第1項の規定は、停止間の敬礼について準用する。
（音楽隊の場合）
第175条　奏楽を行なっている音楽隊は、敬礼を行なわない。
　　　　第4款　着帽時の敬礼
（最敬礼）
第176条　隊員のひつぎ等に対しては、最敬礼を行う。
　　本条…追加〔昭和63年12月消告5号〕
（注目の敬礼）
第176条の2　国旗等に対しては、注目の敬礼を行う。
　　旧176条…全部改正し繰下〔昭和63年12月消告5号〕
（かしら右（左、中）の敬礼）
第177条　かしら右（左、中）の敬礼は、次の各号に掲げるものについて行なう。
(1)　観閲、儀式又は分列行進のとき
(2)　前号に定めるもののほか、室外においてかしら右（左、中）の敬礼を必要とするとき
（姿勢を正す敬礼）
第178条　姿勢を正す敬礼は、次の各号に掲げるものについて行なう。
(1)　国歌に対するとき
(2)　船艇又は車内において着席しているとき
(3)　前各号に定めるもののほか、室外において姿勢を正す敬礼を必要とするとき
　　　　第5款　脱帽時の敬礼
（敬礼の方式）
第179条　部隊が脱帽している場合は、指揮者のみの敬礼を行なう。
　　見出し…追加〔昭和163年12月消告5号〕

(最敬礼)
第180条　前条の規定にかかわらず、隊員のひつぎ等に対しては、最敬礼を行なう。

(姿勢を正す敬礼)
第181条　国歌、国旗等に対しては、姿勢を正す敬礼を行なう。

第4節　旗の敬礼

(旗を持つ者の位置)
第182条　隊の標識である旗を持つ者の位置は、大（中）隊横隊にあつては、大（中）隊長の右方おおむね1.5メートル大隊縦隊にあつては、大（中）隊長の後方おおむね1.5メートルとする。

(旗の持ち方)
第183条　隊の標識である旗の持ち方は、特別の定めがないかぎり旗竿の下端を右ももにあて、右手をもつて旗竿を肩の高さの個所でにぎり、ひじを自然に少しまげ、旗の先端をわずかに前方に傾けるものとする。

(旗の敬礼の方式)
第184条　隊の標識である旗の敬礼は、指揮者の号令により、旗を持つ者が旗竿の下端を右ももにあてたまま、右手を十分前にのばしてこれを行なう。
2　隊の標識である旗を持つ者は、敬礼を行なわない。

第5節　その他

(隊員の呼称)
第185条　隊員は、すべて氏及び職名又は階級を併用して呼称する。ただし、都合により氏又は職名のみを呼称することができる。

(上司との同行)
第186条　上司と同行するときは、先導する場合その他特別の場合を除き、同行者1人のときは、左側または後方につき、2人以上のときは、その両側または後方につくものとする。
　　　　見出し…改正・本条…一部改正〔昭和63年12月消告5号〕

(車両の乗降)
第187条　上司と車両に乗車するときは、特別の場合を除き、上司を先にし、降車するときは上司を後にするものとする。
　　　　本条…一部改正〔昭和63年12月消告5号〕

(げんていの昇降)
第188条　船艇のげんていを昇るときは、上司を先にし、げんていを降りるときは下位の者を先にするものとする。
　　　　本条…一部改正〔昭和63年12月消告5号〕

(短艇内の席の順位)
第189条　短艇に乗り組むときは、上司を後にし、艇尾に近い席の中央を上席とし、順次艇首に近い席につき、降りるときは、上司を先にするものとする。
　　　　本条…一部改正〔昭和63年12月消告5号〕

(表彰式等における特例)
第190条　表彰式等において受賞者が複数の場合は、第148条及び第149条の規定にかかわらず、複数の者が一同に敬礼動作を行なうか、又は受賞者の代表者をあらかじめ指定して行なうことができる。
2　複数の者が一同に敬礼動作を行う場合は、受賞者の中央が授与者の正面に位置するよう、室内にあつてはおおむね2メートル、室外にあつてはおおむね5メートルのところに整列し、通常右翼に位置するものが指揮をとる。指揮者の「敬礼」の号令で一せいに、脱帽時にあつては15度の敬礼、着帽時にあつては挙手注目の敬礼を行い、「直れ」の号令でもとに復したのち、受賞者が各個に第148条第1項の規定に準じて受賞し、ふたたび指揮者の号令で一せいに敬礼を行つたのち、右（左）向きの要領で退去するものとする。
3　受賞者の代表をあらかじめ指定して行う場合は、受賞者全員が、前項の位置に整列し、受賞者の代表が指揮者となり、右翼に位置し、指揮者の号令で一せいに、脱帽時にあつては15度の敬礼、着帽時にあつてはかしら中の敬礼を行つたのち、代表者は第148条第1項の規定に準じて受賞し、ふたたび代表者が右翼に位置し、指揮者の号令で一せいに敬礼を行つたのち、右（左）向きの要領で退去するものとする。
　　　　1項…一部改正・2項…全部改正・3項…追加〔昭和63年12月消告5号〕

第3章　儀式

第1節　通則

(儀式)
第191条　儀式は、観閲式、表彰式、祝賀式、葬送式、出初式、入校式及び卒業式等とする。
　　　　本条…一部改正〔昭和63年12月消告5号〕

(儀式の執行)
第192条　儀式は、2以上の儀式をあわせて執行することができる。
2　儀式は、通常、国旗のもとで執行するものとする。

第2節　観閲式

(観閲式を行なう場合)
第193条　観閲式は、次の各号に掲げるものについて行なう。
(1)　市町村長、消防長又は消防団長が就任後初めて部隊等を公式に視察するとき
(2)　表彰式、祝賀式、出初式を行なう場合であつて、当該儀式の執行者が特に必要であると認めたとき
(3)　前各号に掲げるもののほか、市町村長、消防長又は消防団長が特に必要であると認めたとき

(観閲式の隊形)
第194条　観閲式の隊形は、第19図のとおりとし、車両その他の機械のある場合は1列横隊とし、隊員の後方に先端をそろえて配列し、車両その他の機械のない場合は大（中）隊横隊とする。
2　人員、機械器具の多少又は土地の状況によつて前項の隊形によりがたいときは、適宜その隊形を変更することができる。

(1)　機械器具のある場合

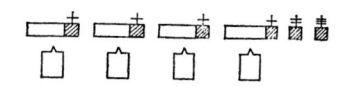

(2)　機械器具のない場合

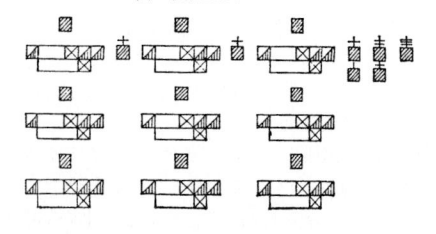

第19図　観閲の隊形

(観閲者の臨場及び退場)
第195条　観閲者が臨場したときは、指揮者は、「気をつけ」の号令を下し、観閲者が定位についたときは、第172条及び第173条の規定による敬礼を行ない、ついで前進して、人員及び機械器具その他必要事項を報告し、終わつて「整列ー休め」の号令を下した後、観閲者を誘導し、又はこれに随行する。

2 観閲者が退場するときは、前項に準じて敬礼を行なう。
(観閲における部隊の敬礼)
第196条 観閲における部隊の敬礼は、第173条の規定により行なう。
(分列行進の隊形)
第197条 分列行進の隊形は、第20図のとおりとし、徒歩部隊の場合においては、大隊縦隊とし、車両部隊の場合においては、1列縦隊又は大隊縦隊とする。ただし、車両部隊に徒歩部隊が参加するときは、車両部隊は、徒歩部隊の後に続くものとする。
2 土地その他の状況によつて、前項の隊形によりがたいときは、適宜その隊形を変更することができる。

(1) 徒歩部隊の場合　(2) 車両部隊の場合

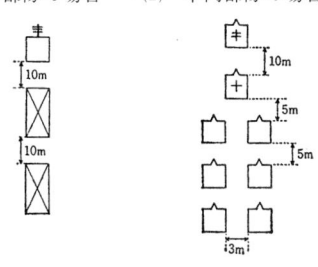

第20図　分列行進の隊形

(分列行進)
第198条 分列行進を行なう場合において指揮者は、第21図のとおり敬礼の始点及び終点に標員をおいた後、行進を命ずる。
2 前項の前進の命令により、先頭の大(中)隊長は、「分列に前へー進め」の号令を下して発進し、ついでその他の各大(中)隊長は、所定の距離になるのを待つて「分列に前へー進め」の号令を下し、逐次発進する。

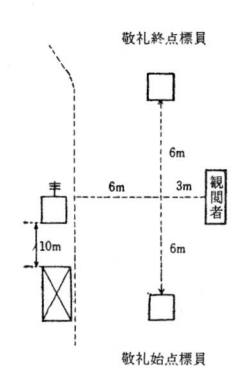

第21図　分列行進の場合の標員の位置

(分列行進中の敬礼)
第199条 分列行進中の敬礼は、第169条の規定により行なう。
(行進終了の部隊)
第200条 行進が終わつた部隊は、逐次指揮者の定める位置に至つて、観閲者退場に対する敬礼の準備をする。
(儀式終了の報告)
第201条 儀式が終了した場合(行進の場合は、標員、音楽隊又はラッパ隊を撤収した後)指揮者は、観閲者の前面に至つて、儀式終了の報告を行ない、命令を待つものとする。
(音楽隊及びラッパ隊)
第202条 音楽隊及びラッパ隊は、行進に参加することなく、あらかじめ、指定された位置において奏楽するものとする。ただし、必要があるときは、そのつど指揮者の定めるところによる。

第3節　その他の儀式
(その他の儀式)
第203条 表彰式、祝賀式、出初式、葬送式、入校式及び卒業式等の儀式は、当該儀式の執行者の定めるところによる。
見出し…追加・本条…一部改正〔昭和63年12月消告5号〕

第5編　点検

第1章　点検

第1節　通則

(要旨)
第204条 この編は、隊員の人員、姿勢、服装、訓練、礼式、消防操法、消防用機械器具(以下「機械器具」という。)物品及び備品等を検査するために必要な事項を定めるものとする。
(点検の種類)
第205条 点検は、通常点検、特別点検及び現場点検とする。
(点検者及び指揮者)
第206条 点検は、指揮監督の任にある者が点検者となり、これにつぐ幹部の者が指揮者となつて行なう。
2 点検者又は指揮者に事故があるときは、順次これにつぐ幹部の者が代理する。
(点検の隊形、項目及び方法の変更)
第207条 点検を受ける人員が少ないとき、又は点検を行なう場所が狭いときその他この編の規定どおり点検を実施しがたい事由のあるときは、この編の規定の趣旨に反しない限り、点検の隊形、項目及び方法等を適宜変更して行なうことができる。
(部隊編成)
第208条 通常点検及び特別点検中において礼式及び訓練の点検を行なうときは、次の各号の要領によつて第22図のとおり部隊を編成する。
(1) 消防士長(消防団にあつては班長)は、きよう導になる。ただし、人員の都合によつて列員に入れることができる。
(2) きよう導にあてるべき消防士長(消防団にあつては班長)がないときは、消防士(消防団にあつては団員)中適当なものをこれにあてることができる。
(3) 合同点検のような場合であつて、消防司令補(消防団にあつては、部長をいう。以下同じ。)が多数のときは、消防司令補をきよう導にあて、その他の消防司令補は、列員に入れることができる。
(4) 部隊に加わらない消防司令(消防団にあつては副団長)消防司令(消防団にあつては分団長)または消防司令補があるときは、第22図のとおり列外に位置する。

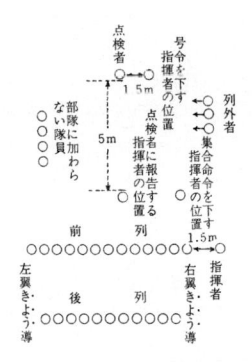

第22図　礼式及訓練を点検する場合の部隊編成

(点検の隊形)
第209条 前条の点検の隊形は、通常、小隊においては横隊、中隊においては中隊横隊、大隊においては大隊横隊とする。

(機械器具点検における部隊編成)
第210条 機械器具の点検を行なうときは、指揮者は次の各号の要領によって第23図のとおり部隊を編成する。
(1) その日の当務員である隊員は、通常、乗車を予定されてある車両の前面に、各車両ごとに1列横隊に整列する。
(2) 部隊に加わらない隊員があるときは、列外に位置する。

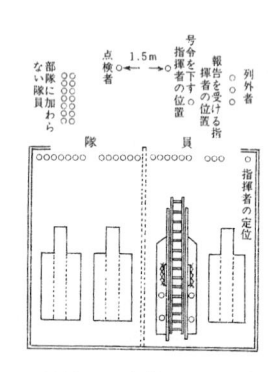

第23図 機械器具点検における部隊編成

(行動及び動作等の準用)
第211条 特別点検及び現場点検の際における動作について、特に定めのないものは、通常点検の規定を準用し、点検の行動及び動作等については、この編のほか第3編訓練、第4編礼式に定める規定を準用して行なう。

第2節 通常点検
第1款 訓練及び礼式

(通常点検の内容)
第212条 通常点検においては、次の各号の全部又は一部の事項について検査を行なう。
(1) 人員、姿勢、服装及び消防手帳(以下「手帳」という。)
(2) 訓練及び礼式
(3) 機械器具
(4) 消防操法

(通常点検の実施)
第213条 通常点検は、消防本部においては毎月1回以上、消防署(消防団の常備部を含む。)においては隔日制又は3部制をとる場合は、各部ごとに毎週1回以上、隊員の教養を掌る訓練機関においては特別の事由がない限り毎日行ない、その他の者に対しては演習又は召集の際に行なう。

(通常点検の要領)
第214条 指揮者は、点検者が臨場したときは、「気をつけ」の号令を下し、点検者が定位についたときは、これに対して部隊の敬礼を行ない、人員数その他必要事項を報告した後、点検者の左側おおむね1.5メートルの位置につき、順次次の号令を下す。ただし、人員が多数のときは、第4項に定める点検を行なう間、他の隊員を「整列休め」させることができる。
(1) 番号
(2) きよう導3歩前へー進め
(3) 右へーならえ
(4) 直れ
(5) 前列4歩前へー進め
(6) 手帳
(7) おさめ
(8) 後列4歩、前へー進め

2 前項第6号に定める「手帳」の号令があつたときは、隊員は、左手を胸のポケットに添え、手帳に注目しながら右手でこれを前方に向けて出し、ひじをわきにつけ、前腕を水平に体と直角に出し、左手を添えて表紙を開き、右たなごころの上に置いて、おや指でこれをおさえ、頭を正面に復すると同時に左手をたれる。

3 第1項第7号に定める「おさめ」の号令があつたときは、隊員は、手帳に注目し、左手を添えて手帳の表紙を閉じ、左手をポケットに添え、右手でこれをおさめ、頭を正面に復すると同時に両手をたれる。

4 点検者は、第1項第5号に定める動作が終わつたときは、指揮者を随行して前列の右翼前面から服装及び姿勢の適否等を検査し、左翼を通過して前列の後面を同じ要領により検査した後、後列に至り、前列同様の検査をし、第1項第6号に定める動作が終わつたときも同じ要領によつて手帳の保存及びその取扱の適否等を検査し、終つて定位につくものとする。

5 前項に定める検査及び第1項第2号から第4号までに定める動作は、都合により適宜省略することができる。

6 列員は、点検者が手帳を取つて検査するときは、右手をおろし基本の姿勢をとつて、手帳が返却されるのを待つものとする。

7 指揮者は、第1項に定める動作が終了したときは、部隊をもとの位置に復させた後、点検者に、点検終了の旨を報告し、部隊の定位につき、ついで点検者退場するときは部隊の敬礼を行なう。

8 列外者は、点検者の臨場または退場に際しては、指揮者の行なう部隊の敬礼を合図に、点検者に対し敬礼を行なう。

9 中隊以上の通常点検の場合は、指揮者は、第1項に定める敬礼及び報告をしたのち、小隊長を小隊の右翼に位置させる。

6項……一部改正〔昭和63年12月消告5号〕

第2款 機械器具

(機械器具点検の要領)
第215条 機械器具の点検は、第213条及び第214条の規定に準じて行ない、指揮者は、順次次の号令を下す。
(1) 番号
(2) 定位につけ
(3) 点検始め
(4) 車前に進め

2 前項第3号に定める「点検始め」の号令があつたときは、隊員は、第3項に定める事項について点検を行ない、その異状の有無を各車長に報告し、各車長は、これを指揮者に報告する。

3 機械器具の点検は、保存手入の良否及び応急準備の適否を検査するものとする。
(1) 機械各部の清掃及び手入の状況
(2) 機械各部の液体ろう洩、部品の脱落及び破損個所の有無
(3) 機関部及びポンプ部の良否
(4) 冷却水、オイル及びガソリンの状況
(5) 積載品の完否
(6) タイヤ及び空気圧の良否
(7) 計器類の良否
(8) 操縦装置及び制動装置の良否
(9) 照明装置の良否
(10) 警音器具の良否
(11) その他必要事項

4 第1項第4号に定める「車前に進め」の号令があつたときは、隊員は、一せいにもとの位置に復する。

5 指揮者は、第1項各号に定める動作が終わつたときは、点

検者にその異状の有無を報告する。
6 消防艇の機械器具の点検は、第209条及びこの条の規定に準じて行なう。

第3節　特別点検
第1款　通則
（特別点検の内容）
第216条　特別点検においては、次の各号の全部又は一部の事項について検査を行なう。
(1) 訓練及び礼式
(2) 消防操法及び消防救助操法
(3) 消防演習
(4) 機械器具
(5) 物品及び備品

本条……一部改正〔昭和63年12月消告5号〕

（特別点検の実施）
第217条　特別点検は、毎年1回以上行なう。

第2款　訓練
（特別点検の種目）
第218条　訓練の特別点検は、次のとおりとする。
(1) 各個訓練
(2) 部隊訓練
(3) 車両操練
2　前項の点検は、これを分割し、又はその種目を指定して行なうことができる。

（訓練特別点検要領）
第219条　前条の点検を行なうときは、指揮者は、各個訓練においては、点検を受ける者を1列横隊にして適当な間隔に開かせ、部隊訓練及び車両操練においては、適当な部隊を編成した後、順次号令を下して行なう。

第3款　礼式
（礼式特別点検の種目）
第220条　礼式特別点検の種目は、次のとおりとする。
(1) 室内の敬礼
(2) 室外の敬礼
(3) 辞令等授受の敬礼
(4) 部隊の敬礼
2　前項の点検は、これを分割し、又はその種目を指定して行なうことができる。

（室内の敬礼及び室内外の辞令等授受の敬礼の点検要領）
第221条　室内の敬礼及び室内外の辞令、賞状及び書類等の授受の敬礼の点検を行なうときは、第24図のとおり指揮者は、前列の中央おおむね2メートル前に出発点を、適当な位置に境界線を定め、礼式の種目及び出発点その他必要な事項を指示した後、「前列1歩前へ一進め」の号令を下し、次に「整列一休め」の号令を下し、点検者が所定の位置についたとき、指揮者の位置に至つて、「始め」の号令を下す。ただし、室外の辞令、賞状及び書類等の授受の点検を行なう場合は、境界線を定めない。
2　前項の「始め」の号令があつたときは、前列員は、各自の位置から半ば左（右）向きの要領により出発点に至り、指揮者の指示による動作を終つて、左翼きよう導の背後から前後列員の間をとおつてもとの位置に復し、後列員は、各自の位置から半ば右向きをし、右翼きよう導の右端をとおつて出発点に至り、指揮者の指示による動作を終つて、左翼きよう導の左端から後列の背後をとおつてもとの位置に復する。
3　各列員の出発点への発進は、前の者が出発点を発進した直後、出発点に到達できるように行ない、出発点についたときは姿勢を正し、ここからの発進は、前者の点検と重複しない範囲において、指揮者の命を待つことなく行なう。

4　点検が終つたときは、指揮者は、後列を1歩前進させた後、隊列をもとの位置に復する。

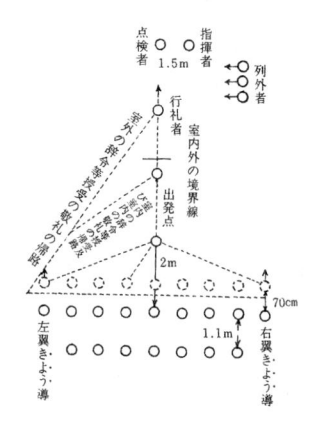

第24図　室内の敬礼及び室内外の辞令等授受の敬礼の点検

（室外の敬礼の点検要領）
第222条　室外の敬礼の点検を行なうときは、第25図のとおり指揮者は、右翼きよう導の右1歩の位置に出発点を定め、礼式の種目及び出発点その他必要な事項を指示した後、「整列一休め」の号令を下し、点検者が所定の位置についたとき、指揮者の位置に至つて「始め」の号令を下す。
2　前項の「始め」の号令があつたときは、右翼きよう導は、姿勢を正して右向きをし、出発点に至り停止し、左向きをして前進し、点検者に対して敬礼を行ない、出発点に相対する位置から左向きをし、左翼きよう導に相対する位置に一たん停止して左向きをし、1歩前進して整頓線につくものとし、各列員は、前列の右翼から後列の順に行なう。
3　各列員の発進は、前条第3項に定める要領に準じて行なう。ただし、出発点からの発進は、前の者の敬礼が終るのを待つて、行なうものとする。
4　点検が終つたときは、指揮者は、隊列をもとの位置に復する。

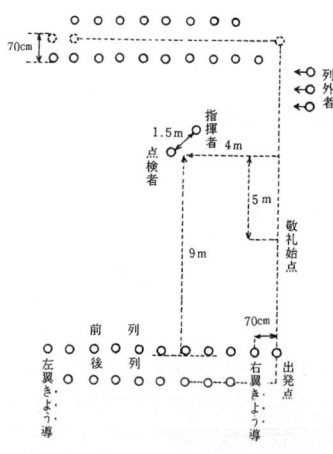

第25図　室外における敬礼の点検

（部隊の敬礼の点検要領）
第223条　部隊の敬礼の点検を行なうときは、指揮者は、これを指示した後、定位について、点検者が所定の位置についたとき、「かしら一右（左、中）」の号令を下す。
2　点検者は、列の右（左）の方からその前面を通過しながら、又はその位置にいたまま点検を行なう。
3　指揮者は、挙手注目し、隊員は、目迎目送し、又は部隊の

敬礼に準じて敬礼を行なう。
1項…一部改正〔昭和63年12月消告5号〕

第4款　消防操法及び消防救助操法
本款…全部改正〔昭和63年12月消告5号〕

（消防操法等特別点検の種目）

第224条　消防操法特別点検の種目は、次のとおりとする。
(1)　消防用器具操法
(2)　消防ポンプ操法
(3)　はしご自動車操法
(4)　消防艇操法

2　消防救助操法特別点検の種目は、次のとおりとする。
(1)　消防救助基本操法
(2)　はしご車基本操法
(3)　消防救助応用操法

3　前2項の点検は、これを分割し、又はその種目を指定して行うことができる。
本条…全部改正〔昭和63年12月消告5号〕、2項…一部改正〔昭和63年12月消告6号〕

第5款　消防演習

（消防演習特別点検の種目）

第225条　消防演習特別点検の種目は、次のとおりとする。
(1)　火災防ぎよ演習
(2)　水災防ぎよ演習
(3)　その他の演習

第6款　機械器具

（機械器具特別点検の種目及び事項）

第226条　機械器具特別点検の種目及び事項は、次のとおりとする。
(1)　機械点検
　①　ガソリン又は重油を燃料とするポンプ車、救急車、化学車、消防艇等の原動機の気とうの圧縮試験及び圧力試験、ポンプの真空試験及び放水試験その他必要事項
　②　破壊用機械、工作用機械等
(2)　器具点検
　①　吸管及びホースの修理及び保存の良否
　②　ポンプ及び車両の附属品及び積載品の完否
　③　各種予備品及び消耗品の整否
　④　救命器具、破壊器具、工作器具及び救急衛生材料の整否及び保存手入の良否

（機械器具特別点検の要領）

第227条　機械器具特別点検を行なうときは、指揮者は、あらかじめ、検査に便利なように必要な準備をするものとする。

第7款　物品及び備品

（物品及び備品特別点検の種目及び事項）

第228条　物品及び備品の特別点検の種目及び事項は、次のとおりとする。
(1)　物品（貸与品及び給与品）の在否及び使用保存の良否
(2)　備品の在否及び取扱管理の良否
(3)　機械器具置場、詰所、望楼及び警鐘台等の管理の状況

（物品及び備品特別点検の要領）

第229条　物品及び備品特別点検を行なうときは、指揮者は、あらかじめ、物品及び備品の配置の場所を定めて、検査に便利なように必要な準備をするものとする。

（点検後の処置）

第230条　点検者は、第226条及び第228条に定める点検を終了した後、必要と認めるときは、修理又は補充を命じなければならない。

第4節　現場点検

（現場点検の内容）

第231条　現場点検は、水火災の防ぎよその他の作業が終つたとき、現場において、次の各号の事項について異状の有無について検査を行なう。
(1)　人員及び服装
(2)　機械器具
(3)　その他必要事項

（現場点検の要領）

第232条　前条の点検は、出場の車両、消防艇及び徒歩部隊ごとにその長が行なう。

2　隊員は、隊員の事故又は機械器具及び物品の紛失若しくはき損があるときは、直ちに点検者に申告し、その検査を受けなければならない。

3　上級指揮者があるときは、点検者は前2項による点検の結果の報告を行ない、その指示を受けるものとする。

附　則

1　この告示は、昭和40年9月1日から施行する。
2　消防訓練礼式の準則（昭和27年国家公安委員会告示第15号）は、廃止する。

　　附　則〔昭和63年12月5日消防庁告示第5号〕
この告示は、昭和64年4月1日から施行する。

　　附　則〔昭和63年12月22日消防庁告示第6号抄〕
1　この告示は、昭和64年4月1日から施行する。

目で見てわかる消防訓練礼式

平成21年4月10日　初　版　発　行
令和7年1月10日　初版22刷発行

編　者　　北海道消防訓練礼式研究会

発行者　　星　沢　卓　也

発行所　　東京法令出版株式会社

112-0002	東京都文京区小石川5丁目17番3号	03(5803)3304
534-0024	大阪市都島区東野田町1丁目17番12号	06(6355)5226
062-0902	札幌市豊平区豊平2条5丁目1番27号	011(822)8811
980-0012	仙台市青葉区錦町1丁目1番10号	022(216)5871
460-0003	名古屋市中区錦1丁目6番34号	052(218)5552
730-0005	広島市中区西白島町11番9号	082(212)0888
810-0011	福岡市中央区高砂2丁目13番22号	092(533)1588
380-8688	長 野 市 南 千 歳 町 1 0 0 5 番 地	

〔営業〕TEL 026(224)5411　FAX 026(224)5419
〔編集〕TEL 026(224)5412　FAX 026(224)5439
https://www.tokyo-horei.co.jp/

©Printed in Japan, 2009

本書の全部又は一部の複写、複製及び磁気又は光記録媒体への入力等は、著作権法上での例外を除き禁じられています。これらの許諾については、当社までご照会ください。
落丁本・乱丁本はお取替えいたします。
ISBN978-4-8090-2272-2